Die CD-ROM

Musterzeugnisse

35 Musterzeugnisse mit qualifizierten Beurteilungen für

- Angestellte
- gewerbliche Arbeitnehmer
- Führungskräfte

Checklisten

Praktische Checklisten für Ihre Zeugnisanalyse:

- Aufbau eines qualifizierten Arbeitszeugnisses
- Geheimcode im Zeugnis

Zeugnisformular

Zeugnisformular mit rechtssicheren Textbausteinen zur

- Leistungs- und
- Verhaltensbeurteilung

Musterbriefe

Formulierungshilfen für Ihre Korrespondenz:

- Anmahnung Zeugnisausstellung
- Beanstandung Arbeitszeugnis
- Anmahnung Zeugnisberichtigung

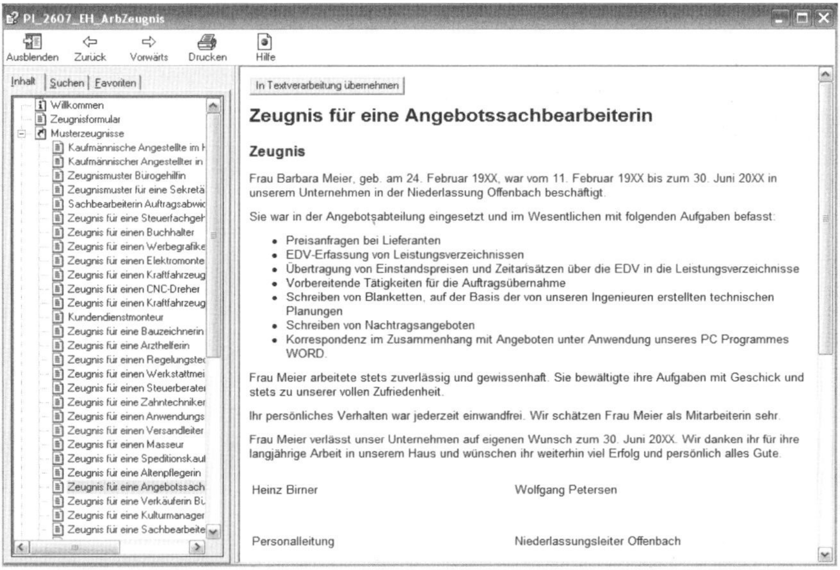

Screenshot der CD-ROM: Nutzen Sie die Musterzeugnisse und Checklisten für Ihre Zeugniserstellung – einfach in die Textverarbeitung übernehmen.

Bibliografische Information Der Deutschen Bibliothek

Die Deutsche Bibliothek verzeichnet diese Publikation in der Deutschen Nationalbibliografie; detaillierte bibliografische Daten sind im Internet über http://dnb.ddb.de abrufbar.

ISBN 978-3-448-09086-4 Bestell-Nr. 04029-0004

1. Auflage 2001 (ISBN 3-448-04516-0)
4., aktualisierte Auflage 2008

Redaktionsanschrift: Postfach 13 63, 82142 Planegg/München
Hausanschrift: Fraunhoferstraße 5, 82152 Planegg/München
Telefon (089) 8 95 17-0, Telefax (089) 8 95 17-2 50
Internet: http://haufe.de, E-Mail: erste-hilfe@haufe.de
Lektorat: Jasmin Jallad

Idee & Konzeption: Dr. Matthias Nöllke, Textbüro Nöllke München
Buchgestaltung: Barbara Loy, 80689 München
Umschlaggestaltung: fuchs-design, 81671 München
DTP: Peter Böke, 10961 Berlin
Druck: Schätzl Druck, 86609 Donauwörth

Zur Herstellung dieses Buches wurde alterungsbeständiges Papier verwendet.

Inhalt

Einleitung

Eine Einladung zu einem Vorstellungsgespräch erhalten Sie als Bewerber nach Vorlage und Überprüfung Ihrer Bewerbungsunterlagen. Neben dem Bewerbungsanschreiben und dem Lebenslauf kommt es in dieser Phase im Wesentlichen auf die vorgelegten Zeugnisse an. Sind Ihre Arbeitszeugnisse im Vergleich zu Ihren Mitbewerbern unterdurchschnittlich oder sind sie inhaltlich widersprüchlich oder unklar, haben Sie wenig Chancen, zu einem Vorstellungsgespräch eingeladen zu werden, oder Sie müssen sich aufgrund widersprüchlicher oder unklarer Zeugnisangaben mit kritischen Fragen auseinandersetzen.

Schlechte Arbeitszeugnisse können dazu führen, dass Ihr weiterer Berufsweg erheblich behindert wird. Daher sollten Sie ein Arbeitszeugnis, sobald Sie es erhalten haben, sorgfältig prüfen und analysieren.

Der Inhalt des Arbeitszeugnisses steht nicht im Belieben des Arbeitgebers. Ein Arbeitszeugnis muss vielmehr nach der Rechtsprechung wahrheitsgemäß und wohlwollend sein und darf das berufliche Fortkommen eines Arbeitnehmers nicht unnötig behindern. Bei fehlerhaften Arbeitszeugnissen steht Ihnen ein Berichtigungsanspruch oder unter Umständen auch ein Schadensersatzanspruch zu.

Immer häufiger gehen Arbeitgeber dazu über, ihre ausscheidenden Arbeitnehmer aufzufordern, selbst ein Arbeitszeugnis zu schreiben, das dann im Wesentlichen unverändert vom Arbeitgeber unterschrieben wird. Mit diesem Entgegenkommen entlastet der Arbeitgeber sich von der Arbeit, das Arbeitszeugnis selbst auszuformulieren, und gibt dem Arbeitnehmer die Chance, einen sehr wohlwollenden Zeugnistext auszuarbeiten. Dies birgt allerdings auch erhebliche Risiken, wenn der Arbeitnehmer mit der Zeugnissprache und der Zeugnisformulierungspraxis nicht gut vertraut ist oder ihm die nötige Distanz oder Neutralität fehlt, um das Zeugnis sachgemäß auszuformulieren.

Dieser Ratgeber zeigt Ihnen, wie Sie ein Zeugnis sachgemäß ausarbeiten, ein erhaltenes Zeugnis analysieren und Ihren Arbeitgeber dazu veranlassen, Ihnen ein Zeugnis auszustellen oder ein fehlerhaftes Zeugnis zu berichtigen.

Ihr Chef bittet Sie, selbst ein Zeugnis zu schreiben

DER CHEF HAT KEINE ZEIT, EIN ZEUGNIS ZU SCHREIBEN BEISPIEL

Frau Zimmermann hat mehrere Jahre in einem kleinen Unternehmen als Sekretärin gearbeitet. Nun möchte sie sich beruflich verändern. Nach einiger Zeit sind ihre Bemühungen um eine andere Stelle tatsächlich von Erfolg gekrönt und sie kündigt. Als sie ihren bisherigen Chef um ein Arbeitszeugnis bittet, sagt er zu ihr: „Ach, wissen Sie, ich bin im Moment so unter Termindruck. Seien Sie doch so gut und formulieren Sie sich selbst Ihr Zeugnis! Schließlich wissen Sie ja am besten, was Sie in all den Jahren gemacht haben. So müssen Sie wenigstens nicht so lange auf Ihr Zeugnis warten."

Viele Arbeitgeber, Fachvorgesetzte oder Personalleiter möchten sich ihre Arbeit erleichtern und gestatten einem Mitarbeiter großzügig, sein Arbeitszeugnis selbst zu schreiben. Häufig wird der vom Arbeitnehmer ausgearbeitete Zeugnistext dann auch verwendet. Dies ist eine große Chance für Sie, ein gutes Zeugnis zu erhalten, allerdings nicht ohne Risiken.

Wer mit der Zeugnissprache nicht hinreichend vertraut ist oder zu wenig Distanz zu seinen Arbeitsleistungen hat und bei der Verwendung von guten Formulierungen übertreibt, kann genau das Gegenteil von dem Gewünschten erreichen. Um dies zu verhindern, sollten Sie, wenn Sie sich selbst ein Zeugnis schreiben, einen Dritten, beispielsweise Ihren Lebenspartner, einen Freund, eventuell auch einen gegenwärtigen oder früheren Arbeitskollegen, bitten, Ihren Zeugnistext durchzulesen und Sie auf etwaige Unstimmigkeiten hinzuweisen.

Welche Arten von Zeugnissen gibt es?

Wer ein Zeugnis schreibt, muss wissen, welche Zeugnisarten es gibt und um welche davon es sich bei seinem aktuellen Zeugnis handelt. Unterschieden wird zwischen folgenden Zeugnisarten:

- Einfaches Zeugnis
- Qualifiziertes Zeugnis
- Endzeugnis
- Zwischenzeugnis

Das einfache Zeugnis

Beim einfachen Zeugnis wird lediglich die Art des Dienstverhältnisses und dessen Dauer bestätigt. Aussagen über die Leistungen des Arbeitnehmers und seine Führung sind im einfachen Zeugnis nicht enthalten.

ACHTUNG **NOTWENDIGER INHALT DES EINFACHEN ZEUGNISSES**

Genannt werden muss die Person des Arbeitnehmers mit Namen und Vornamen. Anschrift und Geburtsdatum sind nur mit Einverständnis des Arbeitnehmers aufzunehmen.

Die Art der Tätigkeit des Arbeitnehmers ist so vollständig und genau anzugeben, dass sich ein Dritter hierüber ein Bild machen kann. Allgemeine Angaben sind dann nicht ausreichend, wenn der Arbeitnehmer mit Sonderaufgaben befasst war.

CD-ROM

MUSTER: EINFACHES ZEUGNIS

MUSTER

Frau Barbara Maier war in unserem Unternehmen vom 1. Januar 1998 bis zum 31. Juni 2008 als Sekretärin des Vertriebsleiters tätig und mit folgenden Aufgaben befasst:

- Organisation des Sekretariats,
- Ausführung der Korrespondenz nach Diktat, Diktaphon und Vorlagen,
- Empfang von Besuchern,
- Telefondienst,
- Terminkoordination sowie
- Vorbereitung und Abrechnung von Dienstreisen.

Hannover, den 31. Juni 2008

gez. Heinz Strasser
– Geschäftsführer –

gez. Paul Lehmbruch
– Personalleiter –

Als Dauer der Beschäftigung ist die rechtliche Dauer des Arbeitsverhältnisses anzugeben. Dies ist der Zeitraum ab Beginn des Arbeitsverhältnisses bis zu dem Zeitpunkt, in dem eine Kündigung wirksam wird oder das Beschäftigungsverhältnis aufgrund einer Befristung endet oder aufgrund eines Aufhebungsvertrags aufgelöst wird. Dabei werden kürzere Unterbrechungen wie Urlaub, Krankheit usw. im Zeugnis nicht erwähnt.

Die Erteilung eines einfachen Zeugnisses ist einem Arbeitnehmer nicht zu empfehlen. Da darin jegliche Angaben über seine Führung und seine Leistungen fehlen, wird bei Bewerbungen häufig vermutet, diese seien so schlecht gewesen, dass der Arbeitnehmer auf diese Beurteilungen im Zeugnis verzichtete.

EINFACHES ZEUGNIS NICHT EMPFEHLENSWERT

ACHTUNG

Ein einfaches Zeugnis empfiehlt sich nur in Ausnahmefällen, z. B. wenn für ein länger zurückliegendes Beschäftigungsverhältnis die Art der Tätigkeit nachgewiesen werden soll.

In aller Regel sollten Sie sich deshalb mit einem einfachen Zeugnis nicht zufrieden geben.

Das qualifizierte Zeugnis

Das qualifizierte Zeugnis enthält außer den Angaben über die Art und die Dauer des Beschäftigungsverhältnisses die Beurteilung der Führung und der Leistungen des Arbeitnehmers. Dabei sollen die Führung und die Leistungen während der gesamten Dauer des Beschäftigungsverhältnisses und nicht nur während der letzten Monate beurteilt werden.

MUSTER

MUSTER: QUALIFIZIERTES ZEUGNIS

CD-ROM

Frau Barbara Maier war in unserem Unternehmen vom 1. Januar 1998 bis zum 31. Juni 2008 als Sekretärin des Vertriebsleiters tätig und mit folgenden Aufgaben befasst:

- Organisation des Sekretariats,
- Ausführung der Korrespondenz nach Diktat, Diktaphon und Vorlagen,
- Empfang von Besuchern,
- Telefondienst,
- Terminkoordination sowie
- Vorbereitung und Abrechnung von Dienstreisen.

Frau Maier bewältigte ihren Aufgabenbereich stets zu unserer vollen Zufriedenheit. Hervorzuheben sind ihre Einsatzfreude, ihre hohe Belastbarkeit, ihre Ausdauer und ihr Fleiß. Auf ihre zuverlässige, umsichtige und gewissenhafte Arbeitsweise war auch in schwierigen Situationen jederzeit Verlass. Dienstliche Belange hat Frau Maier stets voll berücksichtigt und hierbei private Belange zurückgestellt. Aufgrund ihrer fachlichen Kompetenz und ihrer persönlichen Integrität ist Frau Maier sowohl bei ihren Vorgesetzten als auch bei ihren Kolleginnen und Kollegen sehr geschätzt.

Ihr persönliches Verhalten war jederzeit einwandfrei.

Frau Maier verlässt uns zum 31. Juni 2008 auf eigenen Wunsch. Wir bedauern ihre Entscheidung, danken ihr für ihre Arbeit und wünschen ihr weiterhin viel Erfolg und persönlich alles Gute.

Hannover, den 31. Juni 2008

gez. Heinz Strasser – Geschäftsführer –

gez. Paul Lehmbruch – Personalleiter –

Das Endzeugnis

Ein Endzeugnis ist ein Zeugnis, das dem Arbeitnehmer mit Beendigung des Arbeitsverhältnisses auszustellen ist. Es bescheinigt die berufliche Tätigkeit des Arbeitnehmers von Beginn bis zum Ende des Arbeitsverhältnisses. Ein Endzeugnis kann als einfaches Zeugnis verfasst sein, in dem lediglich die Art des Dienstverhältnisses und dessen Dauer bestätigt werden, oder als qualifiziertes Zeugnis, in dem auch Aussagen über die Leistungen und die Führung des Arbeitnehmers enthalten sind.

Die rechtlichen Grundlagen

Rechtsgrundlagen für die Erteilung eines Arbeitszeugnisses sind § 109 GewO (Gewerbeordnung) und § 16 BBiG (Berufsbildungsgesetz). Nach § 630 BGB (Bürgerliches Gesetzbuch) kann ein Mitarbeiter, der nicht als Arbeitnehmer beschäftigt ist, bei der Beendigung eines dauernden Dienstverhältnisses ein schriftliches Zeugnis über das Dienstverhältnis und dessen Dauer fordern.

SIE HABEN EIN RECHT AUF EIN QUALIFIZIERTES ZEUGNIS ACHTUNG

Das Zeugnis ist auf Verlangen auf die Leistungen und die Führung zu erstrecken.

Für Arbeitnehmer gilt nach § 6 Abs. 2 GewO die Regelung in § 109 GewO. Nach dieser Vorschrift hat ein Arbeitnehmer bei Beendigung des Arbeitsverhältnisses Anspruch auf ein schriftliches Zeugnis. Die Erteilung des Zeugnisses in elektronischer Form ist ausgeschlossen. In Absatz 2 dieser Regelung findet sich darüber hinaus das Gebot, Zeugnisse klar und verständlich zu formulieren, und die Bestimmung, dass ein Zeugnis keine Merkmale oder Formulierungen enthalten darf, die den Zweck haben, eine andere als aus der äußeren Form oder aus dem Wortlaut ersichtliche Aussage über den Arbeitnehmer zu treffen.

Bei Auszubildenden stellt die Regelung in § 16 BBiG (Berufsbildungsgesetz) die Rechtsgrundlage für das Zeugnisrecht dar. Nach dieser Bestimmung haben Ausbildende den Auszubildenden bei Beendigung des Be-

rufsausbildungsverhältnisses ein schriftliches Zeugnis auszustellen; die elektronische Form ist ausgeschlossen. Haben die Ausbildenden die Berufsausbildung nicht selbst durchgeführt, so soll auch der Ausbilder oder die Ausbilderin das Zeugnis unterschreiben. Das Zeugnis muss Angaben enthalten über Art, Dauer und Ziel der Berufsausbildung sowie über die erworbenen beruflichen Fertigkeiten, Kenntnisse und Fähigkeiten der Auszubildenden. Auf Verlangen Auszubildender sind auch Angaben über Verhalten und Leistung aufzunehmen.

Da sich die gesetzlichen Regelungen in den Bestimmungen im Wesentlichen entsprechen, wird von einem einheitlichen Zeugnisrecht für alle Arbeitnehmer ausgegangen, das durch die Fürsorgepflicht des Arbeitgebers geprägt ist.

Die in § 109 Abs. 2 GewO enthaltene Bestimmung, wonach ein Zeugnis keine Merkmale oder Formulierungen enthalten darf, die den Zweck haben, eine andere als aus der äußeren Form oder aus dem Wortlaut ersichtliche Aussage über den Arbeitnehmer zu treffen, kann ebenso wie die inhaltlich ähnliche Regelung in der bis zum 31.12.2002 geltenden Regelung in § 113 Abs. 3 GewO a. F. als allgemeiner Grundsatz angesehen werden, der bei jedem Zeugnis zu berücksichtigen ist.

Ebenfalls als allgemeiner Zeugnisgrundsatz galt bislang die Schriftformregelung. Seit der Neufassung des § 16 BBiG ist das Schriftformerfordernis in allen drei genannten Vorschriften ausdrücklich enthalten. Ein mündliches Zeugnis würde dem Zweck, als Unterlage für die Bewerbung zu dienen, nicht gerecht.

Wer hat Anspruch auf ein Arbeitszeugnis?

Grundsätzlich hat jeder Arbeitnehmer Anspruch auf Erteilung eines Zeugnisses. Auch nebenberuflich Tätige oder geringfügig Beschäftigte, die nicht sozialversicherungspflichtig sind, können ein Arbeitszeugnis verlangen. Leitende Angestellte sind Arbeitnehmer und haben daher ebenfalls einen Zeugnisanspruch.

Von der höchstrichterlichen Rechtsprechung nicht geklärt ist, ob auch vorübergehend beschäftigten Aushilfskräften ein Zeugnisanspruch zusteht. Da § 109 Abs. 1 GewO und § 16 BBiG im Gegensatz zu § 630 BGB kein

dauerndes Dienstverhältnis voraussetzen, steht Arbeitnehmern auch bei einem Aushilfsarbeitsverhältnis ein Anspruch auf Erteilung eines Zeugnisses zu. Ein qualifiziertes Zeugnis mit der Bewertung der Leistung und der Führung des Arbeitnehmers kann jedoch nur sachgerecht ausgestellt werden, wenn das Beschäftigungsverhältnis eine gewisse Zeit bestanden hat. Es erscheint daher sachgerecht, wenn der Anspruch auf Erteilung eines qualifizierten, aussagekräftigen Zeugnisses von einer gewissen Dauer des Beschäftigungsverhältnisses abhängt. Nach einem Urteil des Landesarbeitsgerichts Köln (LAG K, 30.03.2001, Betriebsberater 2001, S. 1959) soll hierfür aber ein Zeitraum von zwei Monaten genügen.

Einfache Zeugnisse, die keine Leistungs- und Verhaltensbeurteilung enthalten, können jedoch auch bei Beschäftigungsverhältnissen von kurzer Dauer ausgestellt werden. Diese Zeugnisse geben dem vorübergehend beschäftigten Arbeitnehmer die Möglichkeit, seine Beschäftigungszeit lückenlos zu belegen. Der Anspruch auf Erteilung eines einfachen Zeugnisses entsteht deshalb auch bei einem kurzfristigen Beschäftigungsverhältnis.

Auch arbeitnehmerähnlichen Personen wie Heimarbeitern und freien Mitarbeitern sowie den kleinen Handelsvertretern steht der Zeugnisanspruch zu.

Ob auch die gesetzlichen Vertreter juristischer Personen, beispielsweise Vorstandsmitglieder von Aktiengesellschaften, einen Anspruch auf ein Zeugnis haben, ist von der Rechtsprechung nicht geklärt. Dem GmbH-Geschäftsführer, der nicht gleichzeitig Gesellschafter der GmbH ist, wurde vom Bundesgerichtshof allerdings ein Anspruch auf Erteilung eines Zeugnisses zuerkannt.

ZEUGNISANSPRUCH VON AUSZUBILDENDEN ACHTUNG

Auszubildende haben auch dann einen Anspruch auf Erteilung eines Zeugnisses, wenn sie die Abschlussprüfung nicht absolvieren oder nicht bestehen. Auch Volontäre, Praktikanten und so genannte Anlernlinge haben einen Anspruch auf ein Zeugnis.

Wann muss man Ihnen Ihr Zeugnis aushändigen?

Der Anspruch auf Zeugniserteilung entsteht nach den gesetzlichen Bestimmungen bei der Beendigung des Arbeits- oder Berufsausbildungsverhältnisses.

Das Bundesarbeitsgericht hat diese Vorschriften so interpretiert, dass der Anspruch auf Aushändigung des Endzeugnisses spätestens nach Ablauf der Kündigungsfrist oder beim tatsächlichen Ausscheiden des Arbeitnehmers entsteht, und zwar auch dann, wenn der Arbeitnehmer Kündigungsschutzklage gegen die Kündigung erhoben hat und die Beendigung des Beschäftigungsverhältnisses deshalb rechtlich noch nicht geklärt ist.

ACHTUNG

KEIN ZURÜCKBEHALTUNGSRECHT AM ARBEITSZEUGNIS

Ein Recht, das Zeugnis wegen etwaiger Gegenansprüche aus dem Arbeitsverhältnis zurückzubehalten, beispielsweise wegen des Anspruchs auf Rückforderung des Weihnachtsgelds, hat der Arbeitgeber nicht. Die Zurückbehaltung eines Zeugnisses wegen eines Gegenanspruchs wäre mit der Fürsorgepflicht des Arbeitgebers nicht vereinbar. Der durch die Zurückbehaltung des Zeugnisses möglicherweise verursachte Schaden des Arbeitnehmers stünde außer Verhältnis zu den Belangen des Arbeitgebers.

Das Zwischenzeugnis

Das Zwischenzeugnis entspricht inhaltlich dem Endzeugnis mit dem Unterschied, dass das Beschäftigungsverhältnis weiterhin besteht. An der Erteilung eines Zwischenzeugnisses kann der Arbeitnehmer beispielsweise bei Versetzung oder bei Wechsel des Vorgesetzten ein berechtigtes Interesse haben. Interessant ist ein Zwischenzeugnis für den Arbeitnehmer in diesen Fällen insbesondere deshalb, weil der neue Vorgesetzte bei der späteren Erteilung des die gesamte Beschäftigungszeit umfassenden Endzeugnisses für den betreffenden Zeitabschnitt an die Beurteilung in dem Zwischenzeugnis gebunden ist, selbst wenn zwischenzeitlich ein Betriebsübergang stattgefunden hat (vgl. Bundesarbeitsgericht, Urteil vom 16.10.2007, 9 AZR 248/07).

Eine ausdrückliche gesetzliche Vorschrift, aus der sich der Anspruch auf die Erteilung eines Zwischenzeugnisses ergibt, existiert nicht. Lediglich in Tarifverträgen, beispielsweise in § 35 Abs. 2 TVöD (Tarifvertrag für den öffentlichen Dienst vom 13.09.2005) ist geregelt, dass „aus triftigen Gründen auch während des Arbeitsverhältnisses" ein Zeugnis verlangt werden kann.

Trotz dieser fehlenden ausdrücklichen gesetzlichen Anspruchsgrundlage wird allgemein davon ausgegangen, dass bei Vorliegen besonderer Umstände der Anspruch auf Erteilung eines Zwischenzeugnisses besteht, auch wenn für das Arbeitsverhältnis keine entsprechende Tarifbestimmung zur Anwendung kommt.

Abgeleitet werden kann der Anspruch auf Erteilung eines Zwischenzeugnisses aus der sich aus dem Arbeitsvertrag als Nebenpflicht ergebenden Fürsorgepflicht des Arbeitgebers gegenüber dem Arbeitnehmer.

Ein Anspruch auf Erteilung eines Zwischenzeugnisses besteht nach allgemeiner Rechtsauffassung insbesondere in folgenden Fällen:

- wenn der Arbeitgeber dem Arbeitnehmer demnächst eine Kündigung in Aussicht stellt,
- bei einer Versetzung des Arbeitnehmers,
- bei einem Vorgesetztenwechsel,
- bei Übernahme eines neuen Aufgabenbereichs,
- wenn das Zwischenzeugnis für Fortbildungskurse bedeutsam ist oder zur Vorlage bei Behörden, Gerichten oder zur Kreditgewährung von Seiten einer Bank angefordert wird,
- bei länger andauernder Unterbrechung der tatsächlichen Beschäftigung, beispielsweise bei Erziehungsurlaub, Wehr- oder Zivildienst oder bei länger andauernden Fortbildungsmaßnahmen oder der Absolvierung eines Studiums.

ACHTUNG

ANSPRUCH BEI BERECHTIGTEM INTERESSE

Bei Vorliegen eines berechtigten Interesses hat der Arbeitnehmer auch einen Anspruch auf ein Zwischenzeugnis.

Das Zwischenzeugnis wird während des Bestands des Arbeitsverhältnisses ausgestellt. Es kann sich als einfaches Zwischenzeugnis auf die Art des Dienstverhältnisses und dessen Dauer beschränken. In aller Regel werden jedoch Angaben über die Führung und die Leistungen des Arbeitnehmers im Zwischenzeugnis enthalten sein. Es handelt sich dann um ein qualifiziertes Zeugnis.

Was unterscheidet das Zwischenzeugnis vom Endzeugnis?

Das Zwischenzeugnis unterscheidet sich vom Endzeugnis zunächst dadurch, dass als Überschrift der Begriff „Zwischenzeugnis“ angegeben wird, um es von dem als „Zeugnis“ oder „Arbeitszeugnis“ betitelten Endzeugnis deutlich abzugrenzen.

Formal ist das Zwischenzeugnis im Präsens abzufassen, weil die bewertete Tätigkeit andauert und die bescheinigten Leistungen auch im Zeitpunkt der Zeugnisausstellung erbracht werden. Das Imperfekt ist nur dann zu benutzen, wenn ein bereits abgeschlossener Vorgang beschrieben wird, z. B. die frühere Tätigkeit des Arbeitnehmers bei wechselnden Aufgabenbereichen.

Statt der für Endzeugnisse typischen Schlussformulierung findet sich im letzten Absatz des Zwischenzeugnisses ein Passus, in dem der Anlass für seine Erteilung dargelegt wird. Außerdem kann im letzten Absatz ein spezieller Hinweis auf die besondere Qualifikation oder Wertschätzung des beurteilten Arbeitnehmers aufgenommen werden.

ANLASSFORMULIERUNGEN IM ZWISCHENZEUGNIS BEISPIEL

Dieses Zwischenzeugnis wird Herrn Müller anlässlich der Versetzung seines Vorgesetzten ausgestellt.

Dieses Zwischenzeugnis stellen wir Frau Meier im Zusammenhang mit einer geplanten Weiterbildungsmaßnahme zur Vorlage bei der Industrie- und Handelskammer aus.

Auf Veranlassung des direkten Vorgesetzten von Herrn Müller, der zum Monatsende ausscheidet, erstellen wir unaufgefordert dieses Zwischenzeugnis. Verbunden damit sind unser Dank für die bisher für unser Unternehmen erbrachten Leistungen und der Wunsch nach einer weiteren vertrauensvollen Zusammenarbeit.

Aufgrund organisatorischer Änderungen können wir Herrn Müller für die Zukunft trotz seiner bisherigen Leistungen keine Garantie für den Erhalt seines Arbeitsplatzes geben und sind seinem Wunsch deshalb gerne nachgekommen, ihm dieses Zwischenzeugnis auszustellen.

Wenn Sie einen neuen Vorgesetzten bekommen

Der berufliche Erfolg hängt nicht unwesentlich von dem Verhalten und der Persönlichkeit des unmittelbaren Vorgesetzten ab. Wie sich die Zusammenarbeit mit einem neuen Vorgesetzten entwickelt, ist ungewiss und schlecht vorherzusagen. Auch ein guter oder sehr guter Mitarbeiter kann Probleme mit einem neuen Vorgesetzten bekommen, beispielsweise auch, weil ein neuer Vorgesetzter sich durch einen sehr gut qualifizierten Mitarbeiter in Frage gestellt sieht. Sie sollten sich deshalb bei einem bevorstehenden Vorgesetztenwechsel Ihre bisherigen guten Leistungen von Ihrem alten Vorgesetzten bescheinigen lassen.

Zwischenzeugnis bei Wechsel des Vorgesetzten

Bei Versetzung oder Wechsel des Vorgesetzten oder bei Beginn einer längeren Fortbildung sollten Sie Ihren bisherigen Vorgesetzten bitten, Ihnen ein Zwischenzeugnis über Ihre bisherige berufliche Tätigkeit auszustellen.

Auch Personalchefs haben bei Versetzungen, Wechsel des Vorgesetzten oder bei längerfristigen Fortbildungsmaßnahmen Verständnis dafür, dass sich ein Arbeitsnehmer seine bisherige berufliche Tätigkeit und seine Leistungen in einem Zwischenzeugnis bescheinigen lassen will.

MUSTER

MUSTER: ZWISCHENZEUGNIS

CD-ROM

Frau Barbara Maier, geboren am 23. November 1983 in Sonthofen, wurde nach Abschluss ihrer kaufmännischen Ausbildung in unserem Werk in München mit Wirkung vom 1. September 2006 als Sachbearbeiterin in die Vertriebsadministration unseres Unternehmens übernommen.

Bereits nach kurzer Einarbeitungszeit konnten wir sie im Sachbereich „Kreditwesen, Mieten und Teilzahlungen" einsetzen. Schwerpunkte ihrer Tätigkeit sind:
- Mitwirkung bei der Überwachung unseres maschinellen Mahnverfahrens und den damit verbundenen Kundenreklamationskontakten,
- Entscheidungsvorbereitung für die Festsetzung von Kundenkreditlimits einschließlich Kontaktpflege mit Auskunfteien,
- Führung der Miet- und Teilzahlungsakten und Kontrolle der Mietwertveränderungen.

Frau Maier bewältigt diesen Aufgabenbereich mit sicherem Urteilsvermögen sachgerecht und zuverlässig. Sie vertritt die Interessen unserer Gesellschaft loyal und erfüllt ihre Aufgaben mit großem Engagement stets zu unserer vollen Zufriedenheit. Aufgrund ihres ruhigen und freundlichen Wesens erfreut sich Frau Maier bei Vorgesetzten und Kollegen einer gleichermaßen hohen Wertschätzung. Dies gilt auch für externe Gesprächspartner, die ihr persönliches Auftreten sowie ihre guten Umgangsformen schätzen. Ihr persönliches Verhalten ist stets einwandfrei.

Dieses Zwischenzeugnis erstellen wir auf besonderen Wunsch von Frau Maier aufgrund ihrer geplanten Weiterbildungsmaßnahme zur Vorlage bei der Industrie- und Handelskammer.

Günter Huber
Mirijam Ruby-Dormann

Mein Arbeitszeugnis

Richtig verstehen, beurteilen und schreiben

Die Form des Arbeitszeugnisses

Das Arbeitszeugnis wird immer schriftlich erteilt. Nach der Verkehrssitte ist es üblich, es maschinenschriftlich zu erstellen. Ein unsauber geschriebenes Zeugnis, beispielsweise mit Flecken, Durchstreichungen, Radierungen usw. kann vom Arbeitnehmer zurückgewiesen werden, ebenso ein Zeugnis mit Schreibfehlern.

Das Zeugnis muss auf ungefaltetem Geschäftspapier (Firmenbogen) ausgestellt werden, wenn der Arbeitgeber Geschäftspapier besitzt und im Geschäftsverkehr verwendet. Dabei bleibt das Anschriftenfeld leer. Außer dem Namen, dem Vornamen und dem akademischen Grad ist auf Verlangen des Arbeitnehmers auch das Geburtsdatum aufzunehmen, um Verwechslungen bei Namensgleichheit auszuschließen.

Zur Ausstellung und damit auch zur rechtsverbindlichen Unterzeichnung des Arbeitszeugnisses ist der Arbeitgeber verpflichtet, bei juristischen Personen deren gesetzlicher Vertreter. In Vertretung des Arbeitgebers kann das Zeugnis auch von Angestellten des Arbeitgebers unterschrieben werden, die jedoch in leitender Position und erkennbar in höherer Position sein müssen als der zu beurteilende Arbeitnehmer. Bei einem leitenden Angestellten, der der Geschäftsleitung unmittelbar unterstellt war, muss das Zeugnis von einem Mitglied der Geschäftsführung unterzeichnet sein. Das Vertretungsverhältnis ist im Arbeitszeugnis kenntlich zu machen, beispielsweise mit dem Zusatz ppa. oder i. V.

Da die bloße Unterschrift häufig nicht entzifferbar ist und das Zeugnis nicht von einem Anonymus ausgestellt werden soll, bedarf die Unterschrift des Ausstellers der maschinenschriftlichen Namensangabe. Daneben sind Ort und Datum der Zeugnisausstellung zu vermerken.

Bei der Datumsangabe hat sich weitgehend die Verkehrssitte entwickelt, das Datum der Beendigung des Beschäftigungsverhältnisses anzugeben, auch wenn das Arbeitszeugnis vor oder nach der rechtlichen Beendigung des Beschäftigungsverhältnisses ausgestellt wurde. Diese Verkehrssitte berücksichtigt im Hinblick auf den Grundsatz der wohlwollenden Zeugnisbeurteilung den Umstand, dass ein Ausstellungsdatum, das der rechtlichen Beendigung des Beschäftigungsverhältnisses widerspricht, zu nicht gerechtfertigten nachteiligen Schlussfolgerungen zu Lasten des Arbeitnehmers führen kann.

Bei einer nachträglichen Änderung eines Zeugnisses erhält das berichtigte Zeugnis das Datum des ursprünglichen Zeugnisses.

Der Umfang eines qualifizierten Zeugnisses beträgt ein bis zwei Seiten, je nach Dauer des Beschäftigungsverhältnisses und den Aufgaben, mit denen der Arbeitnehmer befasst war. Bei wechselnden Tätigkeiten des Arbeitnehmers, die in ihrer Bedeutung im Zeugnis sachgemäß anzugeben sind, wird naturgemäß mehr Raum benötigt. Allerdings sollte auch ein Zeugnis über einen Arbeitnehmer, der langjährig mit wechselnden Aufgaben befasst war, den Umfang von zwei Seiten nicht überschreiten.

Arbeitszeugnisse, deren Inhalt sich über mehr als zwei Seiten erstreckt, wirken langatmig. Andererseits sind Arbeitszeugnisse, die sich nur über eine halbe Seite erstrecken, zu knapp und wirken deplatziert. Auch wenn aufgrund der kurzen Beschäftigungszeit und der Art der Tätigkeit nur kurze Ausführungen im Zeugnis gemacht werden können, sind diese durch Schriftgröße, Absätze und Abstände so zu gestalten, dass eine Seite ausgefüllt wird.

Welche Inhalte hat ein qualifiziertes Zeugnis?

Bei der Formulierung von qualifizierten Arbeitszeugnissen hat sich folgendes Aufbauschema als zweckmäßig erwiesen und als Standard entwickelt:

1 Überschrift:
Zeugnis, Arbeitszeugnis, Zwischenzeugnis oder Ausbildungszeugnis;

2 Einleitung
persönliche Daten des Arbeitnehmers einschließlich des Beginns und der Beendigung des Beschäftigungsverhältnisses (falls sich die Beendigung nicht aus der Schlussformel ergibt);

3 Tätigkeitsbeschreibung:
einschließlich des beruflichen Werdegangs des Arbeitnehmers;

4 Leistungsbeurteilung:
einschließlich der zusammenfassenden Leistungsbeurteilung;

5 Führungsleistung:
nur bei Führungskräften;

6 Persönliches (soziales) Verhalten:
einschließlich der zusammenfassenden Führungsbeurteilung;

7 Schlussformulierung:
Gründe für die Beendigung des Arbeitsverhältnisses, auf wessen Initiative, Dankes-/Bedauernsformel, Zukunftwünsche;

8 Datum der Zeugnisausstellung, Unterschrift des Zeugnisausstellers:
Name des Zeugnisausstellers zusätzlich maschinenschriftlich, Hinweis auf die Rechtsstellung des Ausstellers bei Vertretern des Arbeitgebers.

MUSTER FÜR EIN QUALIFIZIERTES ZEUGNIS

Zeugnis	Überschrift
Herr Peter Müller, geboren am 11. Dezember 1967 in Stuttgart, war vom 1. Januar 1999 bis zum 31. März 2008 als Vertriebsbeauftragter in unserem Unternehmen tätig.	Einleitung
Ihm oblagen die Entwicklung und die Umsetzung von Marketingkonzepten einschließlich des gesamten Bereichs der Verkaufsverhandlungen mit Interessenten. Hierzu gehörten das Herstellen erster Kontakte, die Angebotserstellung und das Führen von Verkaufsgesprächen bis zum Vertragsabschluss.	Tätigkeitsbeschreibung
Herr Müller zeigte Einsatzbereitschaft und Eigeninitiative, hatte oft gute neue Ideen und arbeitete zielstrebig, sorgfältig und erfolgreich. Den übertragenen Aufgabenbereich hat er stets zu unserer vollen Zufriedenheit bewältigt.	Leistungsbeurteilung
Herr Müller ist bei Vorgesetzten, Geschäftspartnern und Kollegen geschätzt. Er unterstützt die Zusammenarbeit, ist stets hilfsbereit und in der Lage, sachliche Kritik zu üben und zu akzeptieren. Sein persönliches Verhalten war stets einwandfrei.	Beurteilung der persönlichen Führung
Herr Müller verlässt unser Unternehmen mit dem heutigen Tag auf eigenen Wunsch. Wir bedauern diese Entscheidung, danken ihm für seine Mitarbeit und wünschen ihm weiterhin Erfolg und persönlich alles Gute.	Schlussformulierung
Freiburg, den 31. März 2008 Strasser — ppa. Paul Lehmbruch – Geschäftsführer – — – Personalleiter –	Ort, Datum und Unterschrift

Die Einleitung

Nach der Überschrift „Zeugnis" oder „Arbeitszeugnis" sind als Einleitung die persönlichen Daten des Arbeitnehmers anzuführen. Die Person des Arbeitnehmers muss mit Namen und Vornamen, gegebenenfalls mit Titel, zweifelsfrei angegeben werden. Anschrift und Geburtsdatum dürfen nur mit Einverständnis des Arbeitnehmers aufgenommen werden. Das Einverständnis kann im Regelfall jedoch angenommen werden, wenn der Arbeitnehmer nach Erhalt des Zeugnisses der Anführung dieser Angaben nicht widerspricht. Die Angabe der Anschrift ist allerdings wenig sinnvoll, da sie zu den veränderlichen Daten gehört und sich nicht selten nach einem Stellenwechsel ändert.

Des Weiteren sind in der Einleitung der Beginn des Beschäftigungsverhältnisses sowie die berufliche Tätigkeit anzugeben.

Falls sich die berufliche Tätigkeit im Laufe des Beschäftigungsverhältnisses ändert, sollte auf diese Angabe in der Einleitung verzichtet oder lediglich die letzte berufliche Tätigkeit angegeben werden. Ergibt sich die Beendigung des Arbeitsverhältnisses nicht aus der Schlussformulierung, ist auch das Austrittsdatum in die Einleitung aufzunehmen.

Obwohl es sich bei den persönlichen Daten um objektive Informationen handelt, können durch den Stil der Formulierung bereits in beschränktem Umfang Wertungen einfließen. So vermittelt es einen weniger günstigen Eindruck über den Arbeitnehmer, wenn ihm bestätigt wird, er sei „beschäftigt worden". Dem gegenüber drückt die Formulierung „war tätig" eine aktive Arbeitsweise aus.

Die Tätigkeitsbeschreibung

In der Tätigkeitsbeschreibung sind die Ihnen übertragenen Aufgaben mit ihren typischen Merkmalen so vollständig und genau anzugeben, dass sich ein fachkundiger Dritter über den von Ihnen wahrgenommenen Aufgabenkreis umfassend informieren kann. Bei Veränderungen Ihres Aufgabenkreises ist Ihre berufliche Entwicklung darzulegen.

Der Erwerb besonderer Kenntnisse durch Fortbildungsmaßnahmen sollte im Zeugnis in der Regel angegeben werden. Dabei ist allerdings zu berücksichtigen, dass insbesondere bei qualifizierten Arbeitnehmern der

Hinweis auf zahlreiche Kurse, Seminare oder sonstige Fortbildungsmaßnahmen nachteilig ausgelegt werden könnte (hatte die Fortbildung nötig; nutzte den Bildungsurlaub zu Lasten des Betriebsablaufs).

Der Umfang der Tätigkeitsbeschreibung hängt von dem Qualifikationsgrad, den Aufgaben und von der Dauer der Aufgabenerfüllung ab. Unwesentliches ist nicht aufzunehmen. Aufgaben und Tätigkeiten, die ein Urteil über die Kenntnisse und Fertigkeiten sowie die Leistungsfähigkeit des Arbeitnehmers erlauben, müssen jedoch angeführt sein.

Betriebs-/Personalratstätigkeit

Hinweise auf eine Betriebs- oder Personalratstätigkeit dürfen nicht aufgenommen werden, es sei denn, dies wird vom Arbeitnehmer ausdrücklich gewünscht.

BEISPIEL

BEISPIELE FÜR TÄTIGKEITSBESCHREIBUNGEN

Sekretärin

Frau Maier war als Sekretärin des Personalleiters tätig. Ihr oblagen die Erstellung der Schreibarbeiten nach Banddiktat und nach Stichworten, die Führung des Terminkalenders, der Empfang von Besuchern sowie der Telefondienst. Außerdem war sie mit der Vorbereitung von Konferenzen und der Erstellung von Konferenz- und Besprechungsprotokollen sowie der Planung und Abrechnung von Geschäftsreisen befasst.

EDV-Organisator

Herr Müller war als Organisator für die Sachgebiete Betriebskosten und Auswertungen in unserer EDV-Abteilung eingesetzt. Er war verantwortlich für die Tätigkeitsbereiche Leistungsrechnung und Rentabilitätsrechnung. Zu seinen Aufgaben gehörten die Problemanalyse, die Erstellung der Programmvorgaben, die Programmierung, der Test und die Implementierung.

BEISPIELE FÜR TÄTIGKEITSBESCHREIBUNGEN BEISPIEL

Sachbearbeiter in Einkaufsabteilung

Herr Maier war als Sachbearbeiter in der Abteilung Einkauf eingesetzt. Sein Aufgabengebiet umfasste den selbstständigen Einkauf der Materialien für unsere Produktgruppen aus der Kellereitechnik, dem Edelstahl-Apparatebau und dem Armaturenbau. Ihm oblagen alle mit diesem Arbeitsfeld verbundenen Aufgaben wie Angebotseinholung, Führung von Preisverhandlungen, Disposition und Materialbeschaffung, Rechnungsprüfung sowie die Abwicklung des mit dem Einkauf verbundenen Schriftverkehrs.

Verkaufsleiter mit Aufstieg zum Marketingmanager

Herr Maier war zunächst als Verkaufsleiter für den Bereich PC Deutschland tätig. In dieser Funktion hatte er die Aufgabe, die Verkaufskonzeption den Markterfordernissen anzupassen, sie zu steuern und zu überwachen und eine erfolgreiche Vertriebsmannschaft aufzubauen und zu leiten. Zum 1. April 2003 übernahm Herr Maier die Aufgabe des Marketingmanagers PC. In dieser Funktion war er verantwortlich für die strategische Marketingplanung PC für den deutschsprachigen Raum, für Marketing Research und Development. Daneben entwickelte er strategische Verhandlungskonzeptionen.

Die Leistungsbeurteilung

In der Leistungsbeurteilung sind Ihre Fähigkeiten und Kenntnisse, Ihre Arbeitsweise und Ihr Arbeitserfolg darzulegen. Dabei hat Ihr Arbeitgeber den Grundsatz des verständigen Wohlwollens und den Grundsatz der Wahrheit zu berücksichtigen.

Oberster Grundsatz für die Zeugniserteilung stellt die Wahrheit der Beurteilung dar. Das Zeugnis darf deshalb nur Tatsachen und keine Behauptungen, Annahmen oder Verdachtsmomente enthalten.

Außerdem ist der Arbeitgeber verpflichtet, bei der Zeugnisformulierung den wohlwollenden Maßstab eines verständigen Arbeitgebers zugrunde zu legen und dem Arbeitnehmer das berufliche Fortkommen nicht unnötig zu erschweren.

Der Maßstab der wohlwollenden Beurteilung bei der Zeugnisformulierung steht in einem gewissen Kontrast zur Wahrheitspflicht. Dies hat dazu geführt, dass negative Formulierungen in Arbeitszeugnissen fast nicht vorkommen, was allerdings nicht bedeutet, dass lediglich gute Zeugnisse ausgestellt werden.

Vielmehr hat sich in der Praxis ein Formulierungsstil mit einer Skala abgestuft positiver Formulierungen entwickelt, was als „Zeugnissprache" oder „Geheimcode" bezeichnet wird, wobei ungünstige Aussagen vor allem durch Auslassungen als so genanntes „beredtes Schweigen", durch Erwähnung von Selbstverständlichkeiten oder durch Angaben im Zeugnis, die untereinander im Widerspruch stehen, ausgedrückt werden.

Besonders ausgefeilt ist diese Formulierungsmethode bei der so genannten zusammenfassenden Leistungsbeurteilung. Hierbei hat sich eine von den Personalfachleuten allgemein anerkannte Skala von Formulierungen entwickelt, die einem Notenspiegel gleicht.

Weniger eindeutig sind die Formulierungen für die Beurteilung der einzelnen Leistungskriterien. In diesem Bereich kann es durchaus zu unterschiedlichen Interpretationen und zu Fehldeutungen kommen. So werden gewisse Kriterien, beispielsweise ehrlich oder pünktlich, im Allgemeinen als selbstverständlich vorausgesetzt.

Insbesondere bei Zeugnissen von qualifizierten Arbeitnehmern kann man davon ausgehen, dass die besondere Betonung von Selbstverständlichkeiten wie Pünktlichkeit oder Ehrlichkeit eine bewusste Abwertung ausdrückt. Bei einem Kassierer wird demgegenüber häufig erwartet, dass seine Ehrlichkeit im Zeugnis bestätigt wird; ohne diese Bestätigung wird von der Unehrlichkeit eines Kassierers ausgegangen. Andere wiederum sehen die Ehrlichkeit eines Kassierers jedoch als Selbstverständlichkeit an, die nicht ausdrücklich im Arbeitszeugnis zu erwähnen ist mit der Folge, dass der ausdrückliche Hinweis auf die Ehrlichkeit auf Mängel in anderen Bereichen hinweist.

ABWERTENDE AUSSAGEN ACHTUNG

Insbesondere bei Zeugnissen von qualifizierten Arbeitnehmern muss davon ausgegangen werden, dass die besondere Betonung von Selbstverständlichkeiten wie Pünktlichkeit oder Ehrlichkeit eine bewusste Abwertung ausdrückt. Sie sollten deshalb in Ihrem Zeugnis darauf verzichten.

Diese unterschiedlichen Interpretationsmöglichkeiten zeigen deutlich die Nachteile der abgestuft positiven Formulierungspraxis bei Arbeitszeugnissen. Die Zeugnisformulierungen sind auslegungsbedürftig und die Auslegungsergebnisse nicht immer eindeutig.

Wenn Sie als Arbeitnehmer mit der Zeugnissprache nicht vertraut sind, laufen Sie Gefahr, die Benotung des Ihnen ausgestellten Arbeitszeugnisses zu verkennen, auch dann, wenn die Beurteilung für die mit der Zeugnissprache vertrauten Personalfachleute klar formuliert ist.

Hinzu kommt die Gefahr von Fehlinterpretationen in Grenzbereichen. Sie sollten sich deshalb mit der gängigen Formulierungspraxis sowie einzelnen Standardformulierungen vertraut machen, um den Inhalt Ihres Zeugnisses zu verstehen und mögliche Fehlinterpretationen in Grenzbereichen zu erkennen.

In der Leistungsbeurteilung müssen die individuellen Leistungen unter Berücksichtigung der konkreten Anforderungen des jeweiligen Arbeitsplatzes und der berufstypischen Leistungsmerkmale bewertet werden. Daher lässt sich die sich hieraus ergebende Vielfalt von Leistungskriterien nicht abschließend durch Standardformulierungen erfassen und beurteilen. Dennoch können die wichtigsten Leistungskriterien, die für eine Vielzahl von Berufen und Arbeitsplätzen maßgeblich sind, mit Standardformulierungen bewertet werden, wobei individuelle Modifikationen und Ergänzungen zur Berücksichtigung Ihrer individuellen Leistungen im Arbeitszeugnis jedoch vorzunehmen sind.

Die folgenden Standardformulierungen müssen Sie kennen, wenn Sie Ihrem Arbeitgeber einen Zeugnisvorschlag unterbreiten wollen. Sie finden Sie auch direkt zum Übernehmen in Ihre Textverarbeitung auf Ihrer CD-ROM.

TABELLE

STANDARDFORMULIERUNGEN ZUR LEISTUNGSBEURTEILUNG

CD-ROM

Fachwissen		
	sehr gut	Herr Müller verfügt über umfassende und vielseitige Fachkenntnisse, auch in Randbereichen.
	gut	Herr Müller verfügt über umfassende Fachkenntnisse. Herr Müller verfügt über vielseitige Fachkenntnisse.
	befriedigend	Herr Müller verfügt über solide Fachkenntnisse. Herr Müller ist aufgrund seines soliden Fachwissens in der Lage, die ihm übertragenen Aufgaben zu erledigen.
	ausreichend	Herr Müller verfügt über ein solides Grundwissen in seinem Arbeitsbereich.
	mangelhaft	Herr Müller verfügt über entwicklungsfähige Kenntnisse seines Arbeitsbereichs.
	ungenügend	Herr Müller hatte Gelegenheit, sich die erforderlichen Kenntnisse seines Arbeitsbereichs anzueignen.
Auffassungsgabe und Problemlösungsfähigkeit	sehr gut	Er ist in der Lage, auch schwierige Situationen sofort zutreffend zu erfassen und schnell richtige Lösungen zu finden.
	gut	Er überblickt schwierige Zusammenhänge, erkennt das Wesentliche und ist in der Lage, schnell Lösungen aufzuzeigen. ... und hat eine gute Auffassungsgabe.
	befriedigend	Er findet sich in neuen Situationen zurecht und ist auch in der Lage, komplizierte Zusammenhänge zu erfassen.
	ausreichend	Er ist mit Unterstützung seines Vorgesetzten neuen Situationen gewachsen und in der Lage, komplizierte Zusammenhänge nachzuvollziehen.
	mangelhaft	Er ist mit Unterstützung seines Vorgesetzten neuen Situationen im Wesentlichen gewachsen.
	ungenügend	Er war bemüht, mit Unterstützung seines Vorgesetzten neuen Situationen gerecht zu werden.

Leistungsbereitschaft und Eigeninitiative	sehr gut	Herr Müller zeigte stets Eigeninitiative und überzeugte durch seine große Einsatzbereitschaft.
	gut	Herr Müller ergriff von sich aus die Initiative und setzte sich mit überdurchschnittlicher Einsatzbereitschaft für unser Unternehmen ein.
	befriedigend	Herr Müller zeigte Eigeninitiative und Einsatzbereitschaft.
	ausreichend	Herr Müller hat der geforderten Einsatzbereitschaft entsprochen.
	mangelhaft	Herr Müller hat der geforderten Einsatzbereitschaft im Wesentlichen entsprochen
	ungenügend	Herr Müller hat sich bemüht, der geforderten Einsatzbereitschaft zu entsprechen.
Belastbarkeit		
	sehr gut	Auch stärkstem Arbeitsanfall ist er jederzeit gewachsen.
	gut	Auch starkem Arbeitsanfall ist er jederzeit gewachsen.
	befriedigend	Er ist starkem Arbeitsanfall gewachsen.
	ausreichend	Er ist starkem Arbeitsanfall im Wesentlichen gewachsen. ... und ist dem üblichen Arbeitsanfall gewachsen.
	mangelhaft	Dem üblichen Arbeitsanfall ist Herr Müller im Wesentlichen gewachsen.
	ungenügend	Er war stets bemüht, den üblichen Arbeitsanfall zu bewältigen
Denk- und Urteilsvermögen (für gewerbliche Mitarbeiter teils nicht relevant)	sehr gut	Besonders hervorzuheben ist seine Urteilsfähigkeit, die ihn auch in schwierigen Lagen zu einem eigenständigen, abgewogenen und zutreffenden Urteil befähigt.
	gut	Seine Urteilsfähigkeit ist geprägt durch seine klare und logische Gedankenführung, die ihn zu sicheren Urteilen befähigt.
	befriedigend	Seine folgerichtige Denkweise kennzeichnet seine sichere Urteilsfähigkeit in vertrauten Zusammenhängen.
	ausreichend	In vertrautem Zusammenhang kann er sich auf seine Urteilsfähigkeit stützen.

	mangelhaft	In vertrautem Zusammenhang kann er sich in der Regel auf seine Urteilsfähigkeit stützen.
	ungenügend	Seine Urteilsfähigkeit ist geprägt durch sprunghafte, teils widersprüchliche Gedankenführung, ohne zu erkennen, worauf es ankommt.
Zuverlässigkeit		
	sehr gut	Herr Müller arbeitete stets sehr zuverlässig und genau.
	gut	Herr Müller arbeitete stets zuverlässig und genau.
	befriedigend	Herr Müller arbeitete zuverlässig und genau.
	ausreichend	Herr Müller bewältigte die entscheidenden Aufgaben zuverlässig.
	mangelhaft	Herr Müller arbeitete in der Regel zuverlässig.
	ungenügend	Herr Müller war um zuverlässige Arbeitsweise bemüht.
Fachkönnen		
	sehr gut	Er beherrschte seinen Arbeitsbereich selbstständig und sicher, hatte oft gute neue Ideen und fand optimale Lösungen.
	gut	Er arbeitete selbstständig und sicher, hatte gute neue Ideen und Lösungen.
	befriedigend	Er bewältigte seinen Arbeitsbereich sicher und fand brauchbare Lösungen.
	ausreichend	... und erledigte seine Aufgaben.
	mangelhaft	Er erledigte im Wesentlichen seine Aufgaben.
	ungenügend	Er war bestrebt, seine Aufgaben zu erledigen.
Führungsfähigkeit		
(nur für Führungskräfte)	Die Darstellung und die Beurteilung der Führungsleistungen sind komplex und nur teilweise standardisierbar. Die angeführten Beurteilungen sind deshalb lediglich als Beispiele anzusehen. Sie können individuelle Aussagen über Führungsleistungen nicht ersetzen. Dies gilt insbesondere für Aussagen über den konkreten Führungsstil.	
	sehr gut	Herr Müller besitzt eine natürliche Autorität, genießt das Vertrauen seiner Mitarbeiter und wird von ihnen anerkannt und geschätzt. Er versteht es, seine Mitarbeiter sicher einzuschätzen, zu motivieren und sie zu sehr guten Leistungen zu führen.

gut	Herr Müller wird von seinen Mitarbeitern anerkannt und geschätzt und ist in der Lage, sie entsprechend ihren Fähigkeiten einzusetzen und mit ihnen gute Leistungen zu erzielen.
befriedigend	Herr Müller praktiziert einen ... (z. B. kooperativen) Führungsstil und ist in der Lage, seine Mitarbeiter zu motivieren.
ausreichend	Herr Müller praktiziert einen ... (z. B. kooperativen) Führungsstil und ist in der Lage, seine Mitarbeiter anzuleiten und verantwortlich zu führen. Herr Müller führte geradlinig und konsequent und ist in der Lage, Mitarbeiter sachgerecht anzuleiten.
mangelhaft	Herr Müller wird von seinen Mitarbeitern respektiert und bewältigt mit ihnen im Wesentlichen die seiner Abteilung vorgegebenen Ziele. Herr Müller praktiziert einen kooperativen Führungsstil und ist in der Lage, mit seinen Mitarbeitern die seiner Abteilung vorgegebenen Ziel im Wesentlichen zu erreichen.
ungenügend	Herr Müller ist in der Lage, die disziplinierte Arbeitsweise der ihm unterstellten Mitarbeiter zu gewährleisten. Herr Müller ist bestrebt, die in seinem Referat auftretenden Probleme auf der Grundlage des in unserem Hause praktizierten kooperativen Führungsstils zu analysieren und zu lösen.

Die zusammenfassende Leistungsbeurteilung

Für die zusammenfassende Leistungsbeurteilung haben sich im Personalwesen weitgehend anerkannte Standardformulierungen entwickelt, die mit einem Notenschema vergleichbar sind, und zwar wie folgt:

Sehr gute, weit überdurchschnittliche Leistungen

- Er hat die ihm übertragenen Aufgaben stets (jederzeit/immer) zur vollsten Zufriedenheit erfüllt.
- Wir waren mit den Leistungen jederzeit außerordentlich zufrieden.
- Die Leistungen haben jederzeit und in jeder Hinsicht unsere volle Anerkennung gefunden.
- Wir waren mit seinen Leistungen stets in jeder Hinsicht außerordentlich zufrieden.

Der Zeitfaktor „stets", „jederzeit" oder „immer" im Zusammenhang mit dem nicht mehr steigerungsfähigen Grad der Zufriedenheit bringt die Bestnote zum Ausdruck.

Der Superlativ „stets zu unserer vollsten Zufriedenheit" ist zwar grammatikalisch falsch, hat sich aber bei der Beurteilung von sehr guten Mitarbeitern eingebürgert. Wer berechtigterweise diese falsche Ausdrucksweise in seinem Zeugnis nicht lesen will, sollte trotzdem nicht die sprachlich korrekte Fassung „stets zu unserer vollen Zufriedenheit" verwenden. Hierdurch würde für weite Kreise des Personalwesens eine nicht gewünschte Leistungsminderung signalisiert. Stattdessen sollten Sie eine der anderen oben aufgeführten Standardformulierungen wählen.

Gute, überdurchschnittliche Arbeitsleistungen

- Er hat die ihm übertragenen Aufgaben stets (jederzeit/immer) zu unserer vollen Zufriedenheit bewältigt (erfüllt).

- Wir waren während des gesamten Beschäftigungsverhältnisses mit seinen Leistungen voll und ganz zufrieden.
- Seine Leistungen fanden stets unsere volle Anerkennung.

Der Zeitfaktor „stets" macht deutlich, dass der Grad der ausgedrückten Zufriedenheit zeitlich nicht eingeschränkt ist. Der Grad der Zufriedenheit ist gegenüber der sehr guten Beurteilung abgeschwächt und kennzeichnet die Benotung als gut und überdurchschnittlich.

Befriedigende, durchschnittliche Leistungen

- Er hat die ihm übertragenen Aufgaben zu unserer vollen Zufriedenheit erledigt.
- Wir waren mit seinen Leistungen voll zufrieden.
- Seine Leistungen haben unseren Erwartungen und Anforderungen voll entsprochen.

Hier fehlt der Zeitfaktor „stets". Mit dem Mittel des beredten Schweigens wird hierdurch zum Ausdruck gebracht, dass die attestierte volle Zufriedenheit nicht immer vorhanden war und deshalb nur befriedigende Leistungen bescheinigt werden sollen.

Nicht befriedigende, ausreichende Arbeitsleistungen

- Er hat die ihm übertragenen Aufgaben zu unserer Zufriedenheit erledigt.
- Mit seinen Leistungen waren wir zufrieden.
- Er hat unseren Erwartungen entsprochen.

Hier fehlt außer dem Zeitfaktor „stets" ein die Zufriedenheit beschreibendes positives Attribut. Dies kennzeichnet die lediglich ausreichende Benotung.

Mangelhafte und unzureichende Arbeitsleistungen

Mangelhafte oder unzureichende Arbeitsleistungen werden in Arbeitszeugnissen mit Hilfe des beredten Schweigens vielfach dadurch ausgedrückt, dass eine aussagekräftige Leistungsbeurteilung, insbesondere die zusammenfassende Leistungsbeurteilung, fehlt.

Die Beurteilung der persönlichen Führung (Sozialverhalten)

Das Sozialverhalten der Mitarbeiter am Arbeitsplatz hat in den vergangenen Jahrzehnten an Bedeutung für den Unternehmenserfolg gewonnen. Ein größeres Delegieren der Aufgaben und die erweiterte Übertragung von Kompetenzen auf die Mitarbeiter führten zu mehr Selbstständigkeit und mehr Freiheit für die Mitarbeiter. Die Bedeutung des Verhaltens des Einzelnen nimmt daher zu. Auch die stärkere Mündigkeit und Selbstständigkeit führten dazu, dass die Führung der Mitarbeiter im Unternehmen bei der Beurteilung der Qualifikation wichtiger wurde. Aussagen über das Sozialverhalten sind deshalb wesentlicher Bestandteil eines vollständigen Arbeitszeugnisses. Vom Gesetz werden Aussagen über die dienstliche Führung des Arbeitnehmers im qualifizierten Zeugnis verlangt.

Das Sozialverhalten betrifft das Verhältnis zu Vorgesetzten, Kollegen und Mitarbeitern, Kunden und Geschäftspartnern.

ACHTUNG **FORMULIERUNGSPRAXIS**

Ähnlich wie bei der Leistungsbeurteilung hat sich bei der Bewertung des sozialen Verhaltens eine differenzierte Formulierungspraxis entwickelt, die ebenfalls gekennzeichnet ist durch abgestufte positive Formulierungen mit bewussten Auslassungen als beredtem Schweigen, um auffällig nachteilige Aussagen zu vermeiden. In der Literatur wird vielfach einzelnen Zeugnisklauseln eine besondere negative Aussage zugeordnet.

Standardformulierungen zum Sozialverhalten

Die in Klammern gesetzten Ausführungen sind nicht notwendiger Bestandteil einer sehr guten bzw. guten Beurteilung, sie steigern jedoch die Aussagefähigkeit des Zeugnisses.

Sehr gute Beurteilung

- Sein persönliches Verhalten war stets vorbildlich. Bei Vorgesetzten, Geschäftspartnern und Kollegen ist er anerkannt und sehr geschätzt. (Herr Müller fördert aktiv die Zusammenarbeit, übt und akzeptiert sachliche Kritik, ist stets hilfsbereit und stellt, falls erforderlich, persönliche Interessen zurück.)

Gute Beurteilung

- Sein persönliches Verhalten war stets einwandfrei. Bei Vorgesetzten, Geschäftspartnern und Kollegen ist er geschätzt. (Herr Müller unterstützt die Zusammenarbeit, ist stets hilfsbereit und in der Lage, sachliche Kritik zu üben und zu akzeptieren.)

Befriedigende Beurteilung

- Sein persönliches Verhalten gegenüber Vorgesetzten, Kunden und Kollegen war einwandfrei.

Ausreichende Beurteilung

- Sein Verhalten gegenüber Vorgesetzten, Geschäftspartnern und Kollegen war höflich und korrekt. Seine Führung gab uns zu Beanstandungen keinen Anlass.

Mangelhafte Beurteilung

- Sein persönliches Verhalten gegenüber Geschäftspartnern und Kollegen war einwandfrei (deutet auf Mängel im Verhalten zu Vorgesetzten hin).

- Sein persönliches Verhalten gegenüber Vorgesetzten und Geschäftspartnern war einwandfrei (deutet auf Probleme im Umgang mit Kollegen hin).
- Das persönliche Verhalten von Herrn Müller war im Wesentlichen einwandfrei (deutet im Allgemeinen auf Probleme im persönlichen Verhalten hin).

Die Schlussformulierung

In der Schlussformulierung finden sich Angaben zur Beendigung des Arbeitsverhältnisses, zunehmend eine so genannte Dankes-/Bedauernsformel sowie Zukunftswünsche. Üblicherweise werden diese Aussagen im letzten Absatz des Zeugnisses zusammengefasst. Seit einigen Jahren kann davon ausgegangen werden, dass von vielen Personalfachleuten die Dankes-/Bedauernsformel gezielt eingesetzt wird, um die Leistungs- und Verhaltensbeurteilungen im Zeugnis zu unterstreichen oder einzuschränken.

Aufgrund der wachsenden praktischen Bedeutung der Schlussformulierung werden aus ihrem vollständigen oder teilweisen Fehlen bereits Schlüsse für die Deutung des Zeugnisses insgesamt gezogen.

Diese Dankes-/Bedauernsformel bildet keinen rechtlich notwendigen Bestandteil eines Zeugnisses. Nach dem Urteil des Bundesarbeitsgerichts vom 20.02.2001 besteht daher kein Anspruch auf ihre Aufnahme in das Zeugnis. Eine vorhandene Schlussformulierung darf aber nicht im Widerspruch zu dem übrigen Zeugnisinhalt stehen und diesen nicht relativieren. Das Arbeitsgericht Berlin hat sogar in ausdrücklicher Abweichung von der (bisherigen) Rechtsprechung des Bundesarbeitsgerichts einen Anspruch auf eine Schlussformulierung, weil sie allgemein gebräuchlich sei, anerkannt, wenn nicht vom Arbeitgeber darzulegende triftige Gründe dagegen sprechen (Arbeitsgericht Berlin, Urteil vom 07.03.2003, 88 Ca 604/03).

ACHTUNG

DANKES-/BEDAUERNSFORMEL

Mit der Schlussformulierung können Sie Ihr Zeugnis entscheidend aufwerten oder die vorherige gute Benotung in Frage stellen.

Für die Schlussformulierung sind folgende Standardformulierungen gebräuchlich:

Standard-Schlussformulierungen

Sehr guter Mitarbeiter

- Kündigt von sich aus:
  Herr Müller scheidet (mit dem heutigen Tag) auf eigenen Wunsch aus unserem Unternehmen aus. Wir bedauern seine Entscheidung sehr, da wir einen wertvollen Mitarbeiter verlieren. Wir danken ihm für seine Mitwirkung in unserem Unternehmen und wünschen ihm weiterhin viel Erfolg und persönlich alles Gute.

- Kündigung aus betriebsbedingten Gründen:
  Aus betriebsbedingten Gründen endete das Arbeitsverhältnis von Herrn Müller mit dem heutigen Tag. Wir bedauern diese Entwicklung sehr, da wir mit Herrn Müller einen ausgezeichneten Mitarbeiter verlieren. Wir danken ihm für seine bisherige wertvolle Arbeit und wünschen ihm für die Zukunft weiterhin viel Erfolg und persönlich alles Gute.

Guter Mitarbeiter

- Kündigt von sich aus:
  Herr Müller scheidet auf eigenen Wunsch (mit dem heutigen Tag) aus unserem Unternehmen aus. Wir bedauern seine Entscheidung, danken ihm für seine Arbeit und wünschen ihm weiterhin viel Erfolg und persönlich alles Gute.

- Kündigung aus betriebsbedingten Gründen:
  Aus betriebsbedingten Gründen endet das Arbeitsverhältnis von Herrn Müller mit dem heutigen Tag. Wir bedauern diese Entwicklung, da wir mit Herrn Müller einen guten Mitarbeiter verlieren. Wir danken ihm für seine Arbeit und wünschen ihm in der Zukunft weiterhin Erfolg und persönlich alles Gute.

Durchschnittlicher Mitarbeiter

- Kündigt von sich aus:
  Herr Müller scheidet auf eigenen Wunsch mit dem heutigen Tag aus unserem Unternehmen aus. Wir danken ihm für seine Arbeit und wünschen ihm für die Zukunft alles Gute.

- Dem Mitarbeiter wird gekündigt bzw. die Kündigung nahe gelegt:
  Herr Müller scheidet mit dem heutigen Tag aus unserem Unternehmen aus. Wir danken ihm für seine Arbeit und wünschen ihm für die Zukunft alles Gute.

Mitarbeiter mit ausreichender Gesamtbewertung

- Mitarbeiter kündigt von sich aus:
  Herr Müller scheidet mit dem heutigen Tag auf eigenen Wunsch aus unserem Unternehmen aus. Wir wünschen ihm für die Zukunft alles Gute.

- Mitarbeiter wird gekündigt:
  Herr Müller scheidet mit dem heutigen Tag aus unserem Unternehmen aus. Wir wünschen ihm für die Zukunft viel Glück.

Mitarbeiter mit mangelhafter Gesamtbewertung

- Mitarbeiter kündigt von sich aus:
  Herr Müller scheidet mit dem heutigen Tag auf eigenen Wunsch aus unserem Unternehmen aus. Wir wünschen ihm für die Zukunft viel Glück.

- Mitarbeiter wird gekündigt:
  Herr Müller scheidet mit dem heutigen Tag aus unserem Unternehmen aus. Wir wünschen ihm für die Zukunft viel Glück.

- Nach entstandenen Differenzen kommt eine gütliche Einigung zustande:
  Das Arbeitsverhältnis endet im gegenseitigen Einvernehmen zum ...
  Wir wünschen Herrn Müller alles Gute.

Besonderheiten beim Ausbildungszeugnis

Bei Beendigung des Ausbildungsverhältnisses ist dem Auszubildenden ein Ausbildungszeugnis auszustellen. Dieses Zeugnis sollte mit der Überschrift „Ausbildungszeugnis" tituliert werden. Das Zeugnis enthält zunächst Angaben über

- die Person,
- die Dauer und
- das Ziel der Ausbildung.

AUSBILDUNG ZUM GROßHANDELSKAUFMANN BEISPIEL

Herr Peter Müller wurde vom 1. August 2005 bis zum 28. Juni 2008 in unserem Unternehmen zum Großhandelskaufmann ausgebildet.

Danach finden sich Angaben über den Ausbildungsgang und die vom Auszubildenden absolvierten Aufgabenbereiche, wobei gegebenenfalls die verschiedenen Abteilungen, in denen der Auszubildende tätig war, angegeben werden.

Im Anschluss hieran sind, ähnlich wie beim qualifizierten Arbeitszeugnis, Angaben über Fähigkeiten, Leistungen und die Führung des Auszubildenden zu machen. Diese Angaben sind zwar nach dem Gesetz nur auf besonderes Verlangen des Auszubildenden aufzunehmen. Sie sollten jedoch gemacht werden, da bei deren Fehlen erhebliche Mängel vermutet werden.

Das Ausbildungszeugnis ist vom Ausbildenden (Lehrherrn) zu unterschreiben. Hat der Ausbildende die Ausbildung nicht selbst durchgeführt, muss der Ausbilder das Zeugnis mit unterschreiben (§ 16 Abs. 1 BBiG).

Besonderheiten beim Praktikantenzeugnis

Praktikanten absolvieren ihr Praktikum, um ihre beruflichen Kenntnisse zu vertiefen, um Praxiserfahrung zu sammeln und um Praxiskenntnisse zu erwerben oder auszubauen.

Ähnlich wie die Auszubildenden das Ausbildungszeugnis, benötigen Praktikanten das Zeugnis über das durchgeführte Praktikum als Nachweis für die erworbenen beruflichen Kenntnisse und Praxiserfahrungen. Dementsprechend finden sich im Praktikantenzeugnis Angaben über die Aufgaben, mit denen der Praktikant vertraut gemacht wurde und die ihm übertragen wurden. Außerdem sind die Leistungen und die Führung des Praktikanten im Zeugnis zu bewerten. Hierbei können grundsätzlich die in qualifizierten Arbeitszeugnissen üblichen Bewertungsgrundsätze und Formulierungen verwandt werden. In der Schlussformulierung des Praktikantenzeugnisses sollte ein Hinweis auf die weitere Ausbildung oder den beruflichen Werdegang aufgenommen werden.

BEISPIEL **SCHLUSSFORMULIERUNG**

Wir wünschen Herrn Müller für die Fortsetzung seines Studiums den verdienten guten Erfolg.

Das Praktikantenzeugnis stellt rechtlich ein Arbeitszeugnis dar und ist wie jedes andere Arbeitszeugnis auch vom Arbeitgeber oder einem seiner Vertreter zu unterschreiben.

Das Zeugnis für Praktikanten sollte nicht mit der Überschrift „Praktikantenzeugnis“ oder „Arbeitszeugnis“ versehen werden, sondern einfach nur mit „Zeugnis“. Aus der Einleitung des Zeugnisses ist auch ohne ausdrückliche Hinweise in der Überschrift zu entnehmen, dass es sich um ein Praktikantenzeugnis handelt.

BEISPIEL **EINLEITUNG**

Herr Peter Müller, geboren am 10. Juli 1988, war vom 1. Januar 2008 bis zum 30. Juni 2008 als Praktikant in unserem Unternehmen tätig.

Sie erhalten vom Chef ein Zeugnis und wollen es prüfen

IST DAS EINE GUTE BEURTEILUNG? BEISPIEL

Herr Meyer erhält am Ende seines Arbeitsverhältnisses von seinem Chef ein Zeugnis, in dem ihm Formulierungen auffallen wie: „... bemühte sich um eine gewissenhafte Arbeit" und „... war besonders bei seinen Kollegen geschätzt". Was soll er von solchen Formulierungen halten?

Mit Beendigung Ihres Arbeitsverhältnisses erhalten Sie von Ihrem Arbeitgeber ein Arbeitszeugnis, das zumindest beim ersten Durchlesen nicht ungünstig klingt. Dennoch sind Sie nicht sicher, ob der Zeugnisinhalt Ihren Leistungen entspricht. Sie haben auch schon von einem Geheimcode gelesen, mit dem Personalleiter im Zeugnis für Arbeitnehmer nicht ersichtlich ungünstige Bewertungen einfließen lassen können.

Was hat es mit dem Geheimcode auf sich und wie können Sie Ihr Zeugnis sachgemäß prüfen?

Kein Buch mit sieben Siegeln: der Geheimcode

Über den Geheimcode wird viel gerätselt und geschrieben. Sicher ist, dass ein Geheimcode im Sinne einer geheimen Vereinbarung über die Codierung von Arbeitszeugnissen nicht existiert. Eine derartige Vereinbarung könnte angesichts der Vielzahl der mit Zeugnisformulierungen befassten Personen nicht zustande kommen, noch weniger könnte sie geheim gehalten werden.

Dennoch hat sich bei der Zeugnisformulierung eine Zeugnissprache entwickelt, die teilweise vom allgemeinen Sprachgebrauch abweicht und dadurch für Zeugnisleser, die sich mit der Zeugnissprache nicht befasst haben, teils schwer, teils gar nicht verständlich ist oder irreführenden Charakter hat. Dies geht allerdings nicht auf eine geheime Absprache zurück, sondern ist Ergebnis eines Entwicklungsprozesses.

Angesichts des in der Rechtsprechung aufgestellten Grundsatzes der wohlwollenden Zeugniserteilung fühlen sich viele Zeugnisaussteller verpflichtet, wohlklingende Zeugnisse auszustellen, auch wenn ein gutes Zeugnis nach den Leistungen und dem Verhalten des Arbeitnehmers nicht gerechtfertigt ist.

Über die tatsächlich schlechtere Beurteilung soll der künftige Arbeitgeber jedoch auch nicht getäuscht werden. Es werden deshalb möglichst gut klingende Formulierungen gewählt, wobei der Zeugnisaussteller die kritischen Punkte nicht erwähnt. Da er davon ausgehen kann, dass der künftige Arbeitgeber, der ebenfalls über vielfältige Erfahrung beim Lesen und Formulieren von Zeugnissen verfügt, diese Auslassungen erkennt, kann er mit abgestuft positiven Formulierungen auf Leistungsmängel und Mängel im Verhalten hinweisen.

ACHTUNG

BEREDTES SCHWEIGEN

Werden wichtige Leistungskriterien in Ihrem Zeugnis nicht beurteilt, bedeutet das eine negative Beurteilung.

Zur Erläuterung kann auf die zusammenfassende Leistungsbeurteilung verwiesen werden:

Die zusammenfassende Leistungsbeurteilung

Wer als Zeugnisaussteller zufrieden stellende Leistungen bescheinigt, kennt die Abstufungen

- „zur vollen Zufriedenheit“,
- „stets zur vollen Zufriedenheit“ und
- „stets zur vollsten Zufriedenheit“.

Ein unkundiger Arbeitnehmer muss jedoch davon ausgehen, mit der bestätigten Zufriedenheit würden ihm zumindest durchschnittliche Leistungen bescheinigt. Andernfalls könnte sein Arbeitgeber kaum mit ihm zufrieden gewesen sein. Gute oder überdurchschnittliche Leistungen kann auch der unkundige Arbeitnehmer der Formulierung „zur Zufriedenheit“ kaum entnehmen. Ihm muss zwar klar sein, dass die Zufriedenheit noch steigerungsfähig ist; wird sie jedoch durch das Attribut „voll“ gesteigert, muss ein unkundiger Arbeitnehmer davon ausgehen, ihm seien gute oder sehr gute Leistungen attestiert worden, da eine weitere Steigerungsmöglichkeit nach dem üblichen Sprachgebrauch nicht ersichtlich ist.

Ein Personalfachmann weiß jedoch aus der Vielzahl der ihm bei Bewerbungen vorgelegten Zeugnisse und auch aus seiner eigenen Formulierungspraxis, dass die „volle Zufriedenheit“ steigerungsfähig ist durch die Zeitangaben „stets“ oder „jederzeit“. Er erkennt damit gleichzeitig, dass die „volle Zufriedenheit“ nicht vorbehaltslos attestiert wurde.

IRREFÜHRUNG ACHTUNG

Irreführenden Charakter hat die Steigerung des Prädikats „stets zur vollen Zufriedenheit" durch die sprachlich nicht korrekte Fassung „stets zur vollsten Zufriedenheit". Auch der findigste Arbeitnehmer, der mit der Zeugnissprache nicht vertraut ist, kommt kaum auf den Gedanken, die bestätigte „jederzeit volle Zufriedenheit" könne eine Leistungsbeurteilung darstellen, die unterhalb einer sprachlich nicht korrekten Formulierung liegt.

Wenn ihm nicht selbst von einem früheren Arbeitgeber eine derartige Leistungsbeurteilung bescheinigt wurde, kann er diesen sprachlich falschen Superlativ nicht kennen und muss davon ausgehen, die Formulierung „stets zur vollen Zufriedenheit“ stelle die beste Beurteilung dar.

Es kann danach zwar nicht angenommen werden, dass ein Geheimcode für die Zeugnisformulierung vereinbart wurde. Nicht bestreitbar ist jedoch, dass sich eine Zeugnissprache entwickelt hat, die auch von aufmerksamen Lesern, die der Zeugnissprache nicht kundig sind, missverstanden wird.

Sie sollten die Zeugnissprache deshalb lernen, um Ihr Zeugnis zu verstehen.

Außerdem werden in der Literatur unter dem Stichwort Geheimcode einzelne Formulierungen und Kennzeichnungen verbreitet, denen codierte Aussagen zugeordnet werden. Die Erläuterung dieses „Geheimcodes“ finden Sie auf S. 50 ff.

Wie Sie Ihr Arbeitszeugnis analysieren

Die Analyse eines Arbeitszeugnisses zur Ermittlung der offen oder versteckt zum Ausdruck gebrachten Beurteilungen ist nicht immer einfach und erfordert die Kenntnis der Zeugnissprache. Ferner müssen Sie in der Lage sein, Ihr Zeugnis unvoreingenommen aus der Sicht eines neutralen Dritten zu lesen und zu beurteilen. Bei den einzelnen Zeugnisbestandteilen müssen Sie auf Folgendes achten:

Die Einleitung

In der Einleitung werden Ihre Daten, also Ihr Name sowie die Dauer des Beschäftigungsverhältnisses angegeben. Diese Daten können Sie unproblematisch auf ihre Richtigkeit überprüfen.

Außer diesen objektiven Daten können sich allerdings bereits durch den Stil der Formulierung in beschränktem Umfang Bewertungen ergeben. So vermittelt es einen weniger günstigen Eindruck über Sie, wenn Ihnen in der Einleitung bestätigt wird, Sie seien „beschäftigt worden“. Günstig ist die Formulierung „Herr/Frau ... war tätig.“ Dies weist auf eine aktive Arbeitsweise hin, während die Formulierung „wurde beschäftigt“ so interpretiert werden könnte, als hätten Sie kaum Eigeninitiative entwickelt, wenig Leistungen erbracht und hätten beschäftigt werden müssen.

Die Tätigkeitsbeschreibung

Obwohl die Tätigkeitsbeschreibung keine Leistungsbeurteilung darstellt, kommt ihr in Ihrem Arbeitszeugnis eine wichtige Bedeutung für die Beurteilung Ihrer Leistungen zu. Dies ergibt sich aus Folgendem:

Wenn Ihnen in der Leistungsbeurteilung gute oder sehr gute Leistungen bescheinigt werden, in der Tätigkeitsbeschreibung jedoch lediglich einfache oder unwichtige Tätigkeiten angegeben sind, ist die gute Leistungsbeurteilung wenig wert. Ihnen wird dann bescheinigt, dass Sie für einfache oder unwichtige Arbeiten gut geeignet sind. Ein neuer Arbeitgeber wird Sie trotz der guten Leistungsbeurteilung dann nicht für eine anspruchvolle und gut bezahlte Tätigkeit einstellen wollen.

Sie müssen deshalb prüfen, ob in der Tätigkeitsbeschreibung Ihres Zeugnisses Ihre Tätigkeit mit ihren typischen Merkmalen so vollständig und genau angegeben ist, dass sich ein fachkundiger Dritter über Ihren bisherigen Aufgabenkreis objektiv informieren kann. Hierauf haben Sie auch einen Rechtsanspruch.

KEINE UNWICHTIGEN AUFGABEN ACHTUNG

Sie müssen darauf achten, dass lediglich die wesentlichen Aufgaben angeführt werden. Details oder unwichtige Aufgaben sollten nicht oder nur am Rande erwähnt werden.

Wenn unwichtige oder einfache Nebenaufgaben gegenüber den bedeutsamen Hauptaufgaben betont werden, entsteht der Eindruck, Sie seien mit den wesentlichen Hauptaufgaben überfordert gewesen.

Die Tätigkeitsbeschreibung stellt damit eine wichtige Grundlage für die Beurteilung Ihres Arbeitszeugnisses dar. Der Tätigkeitsbeschreibung lässt sich entnehmen, welche Aufgaben Sie bisher wahrgenommen haben. Hieraus kann abgeleitet werden, welche Kenntnisse und Fähigkeiten Sie zur Bewältigung dieser Aufgaben benötigen. Darüber hinaus verrät die Tätigkeitsbeschreibung, ob Ihnen von Ihrem Arbeitgeber lediglich die Bewältigung einfacher Aufgaben zugetraut wurde oder ob Ihnen auch schwierige, selbstständige und verantwortungsbewusste Aufgaben übertragen werden konnten. Hieraus ergeben sich konkrete Hinweise auf die Einschätzung Ihrer Leistungsfähigkeit durch Ihren Arbeitgeber.

Bedeutsam für die Beurteilung kann auch sein, ob Ihnen in der Tätigkeitsbeschreibung bescheinigt wird, dass Sie über einen längeren Zeitraum mit der gleichen Aufgabe befasst waren oder ob Sie sich beruflich weiterentwickelten. Wer in einem größeren Unternehmen über lange Zeit hinweg die gleiche Aufgabe wahrnimmt, kann hierbei durchaus gute Leistungen erbringen. Die lange Dauer spricht jedoch nicht für Eigeninitiative und auch nicht dafür, dass Ihr Vorgesetzter oder Sie sich die Bewältigung anspruchsvollerer Aufgaben zutrauten. Zumindest kann hieraus abgeleitet werden, dass Sie nicht vorrangig an Ihrer beruflichen Weiterentwicklung interessiert waren. Andererseits spricht die lange Dauer auch dafür, dass Sie Ihren bisherigen Aufgabenkreis ordnungsgemäß bewältigten. Ansonsten wäre anzunehmen, dass Ihnen früher oder später andere, leichtere Aufgaben übertragen wurden oder Sie ausgeschieden wären.

ACHTUNG **BERUFLICHES FORTKOMMEN**

Das in der Tätigkeitsbeschreibung dargelegte berufliche Fortkommen des Arbeitnehmers stellt ein gewichtiges Indiz dafür dar, dass ein Arbeitnehmer überdurchschnittliche Leistungen erbrachte.

Der Umstand, dass ein Arbeitnehmer mit wechselnden Aufgaben befasst wird, ohne dass dabei die Aufgaben anspruchsvoller werden, spricht demgegenüber dafür, dass der Arbeitnehmer die Aufgaben nicht so erfüllte, wie es erwartet worden war. Umgekehrt ist die Situation, wenn einem Mitarbeiter nach gewissen Zeitabständen jeweils anspruchsvollere Aufgaben übertragen werden. Dies ist ein deutlicher Hinweis darauf, dass die Aufgaben jeweils gut bewältigt wurden und dem Mitarbeiter jeweils anspruchsvollere Aufgaben übertragen werden konnten, die er wiederum gut erfüllte.

Fazit

Achten Sie bei der Tätigkeitsbeschreibung darauf, dass Ihre Aufgaben, die Sie erfüllten, ihrer Bedeutung entsprechend vollständig und zutreffend dargelegt werden, ohne unwichtige Einzelheiten anzuführen. Falls Sie wechselnde Aufgaben erfüllten, sollte dies ebenfalls zum Ausdruck kommen, wobei Sie allerdings darauf achten müssen, dass die später ausgeübten Tätigkeiten nicht so dargestellt werden, als ob sie gegenüber den früheren Aufgaben weniger anspruchsvoll oder bedeutsam seien.

Die Leistungsbeurteilung

Die schwierigste Aufgabe ist die Analyse der Leistungsbeurteilung in Ihrem Arbeitszeugnis. Dies liegt daran, dass die Zeugnissprache nicht in allen Punkten eindeutig ist. Die Formulierungsskala für die zusammenfassende Leistungsbeurteilung ist zwischenzeitlich zwar allgemein bekannt; Ihre differenzierten Kenntnisse und Fähigkeiten lassen sich jedoch nicht alleine durch die zusammenfassende Leistungsbeurteilung ausdrücken. Ohne aussagekräftige Einzelbeurteilungen ist die Benotung, die in der zusammenfassenden Leistungsbeurteilung enthalten ist, deshalb nicht viel wert.

SCHLECHTE NOTE ACHTUNG

Wenn außer der zusammenfassenden Leistungsbeurteilung keine aussagekräftigen Beurteilungen über einzelne Leistungskriterien im Zeugnis vorhanden sind, muss dies als Hinweis darauf verstanden werden – auch wenn die zusammenfassende Leistungsbeurteilung gute Leistungen suggeriert –, dass keine guten Leistungen attestiert werden sollen.

Andernfalls wäre zu erwarten gewesen, dass dem Zeugnisaussteller zumindest einige Leistungsmerkmale des Arbeitnehmers positiv aufgefallen wären und er sie im Zeugnis angeführt hätte.

Sind in Ihrem Zeugnis Standardformulierungen vorhanden?

Zur Analyse Ihrer Leistungsbeurteilung sollten Sie zunächst prüfen, ob in Ihrem Arbeitszeugnis einige der im Abschnitt „Leistungsbeurteilung“ dargelegten Standardformulierungen enthalten sind. Die Noten für diese Standardformulierungen können Sie diesem Abschnitt entnehmen und so die Leistungsbewertung Ihres Zeugnisses ermitteln.

Detaillierte Leistungskriterien

Generell kann gesagt werden, dass die Bedeutung der Leistungsbeurteilung wächst, je detaillierter auf einzelne Leistungskriterien eingegangen wird. Dabei ist die Formulierungspraxis der abgestuft positiven Formulierung mit bewussten Auslassungen als beredtes Schweigen zur Vermeidung auffällig negativer Aussagen zu berücksichtigen.

Auch bei Formulierungen, die den Standardformulierungen im Abschnitt „Leistungsbeurteilung" ähneln, können Sie die Benotung anhand der entsprechenden Standardformulierungen ermitteln.

Wird auf überdurchschnittliche Kenntnisse und Fähigkeiten hingewiesen?

Bei einer guten oder sehr guten Leistungsbeurteilung ist zu erwarten, dass auf die überdurchschnittlichen Kenntnisse und Fähigkeiten des Mitarbeiters deutlich hingewiesen wird. Werden hingegen Leistungsmerkmale, die nach der Tätigkeitsbeschreibung zu erwarten wären, nicht beurteilt oder werden weniger wichtige besonders herausgestellt, spricht dies dafür, dass keine guten Leistungen erbracht wurden. Dies kann auch dann gelten, wenn die zusammenfassende Leistungsbeurteilung gut ist.

ACHTUNG

KONKORDANZ IST WICHTIG

Sie müssen darauf achten, dass die nach der Tätigkeitsbeschreibung von Ihnen erwarteten Leistungsmerkmale in der Leistungsbeurteilung genannt und gut beurteilt werden und die nach der Tätigkeitsbeschreibung unwichtigen Leistungskriterien nicht erwähnt werden.

Die Wichtigkeit bzw. Unwichtigkeit von Leistungskriterien kann je nach ausgeübter Tätigkeit und Beruf völlig unterschiedlich sein.

Bei einem Werbefachmann ist beispielsweise die Betonung seiner Kreativität als gute Leistungsbeurteilung anzusehen. Bei einem Buchhalter wäre die Betonung seiner Kreativität jedoch als Hinweis zu verstehen, dass er seinen Aufgaben, die Buchhaltung sorgfältig und genau durchzuführen, nicht nachkam.

Gilt die Wertung umfassend?

Achten Sie auch darauf, ob die in der Leistungsbeurteilung zum Ausdruck gekommene Wertung umfassend gilt oder durch eine subtile Formulierung nur für einen Teilbereich maßgeblich ist. Durch diese Formulierungstechnik kann eine gute Beurteilung durch einen Nachsatz in das Gegenteil verkehrt werden.

VERKEHRUNG EINER GUTEN BEURTEILUNG IN IHR GEGENTEIL BEISPIEL

Herr M. hat sich in kurzer Zeit in sein umfangreiches Arbeitsgebiet eingearbeitet und die Vielzahl seiner Aufgaben stets zu unserer vollen Zufriedenheit erledigt. Dabei zeichnete er sich vor allem durch die detaillierten Aufzeichnungen der von ihm akquirierten Neukunden aus.

Wenn sich die den Mitarbeiter am meisten auszeichnenden Leistungen in seinen detaillierten Aufzeichnungen von akquirierten Neukunden erschöpfen, kann es mit seinen Leistungen im Übrigen nicht weit her sein. Insbesondere ist anzunehmen, dass er bei der Akquisition wenig Erfolg hatte.

Der Geheimcode bei der Leistungsbeurteilung

Außer der Zeugnisformulierungspraxis mit dem Mittel der abgestuft positiven Formulierungen und den bewussten Auslassungen werden in der Literatur unter dem Stichwort „Geheimcode“ einzelne Formulierungen oder Kennzeichnungen vorgestellt, die eine konkrete nachteilige Aussage enthalten sollen.

Auf einen Geheimcode lassen sich diese Formulierungen und Zeichen aus den oben dargelegten Umständen zwar nicht zurückführen. Andererseits ist die Wirkung der Veröffentlichung dieser angeblichen Geheimzeichen und -formulierungen bei der Zeugnisanalyse zu berücksichtigen. Durch die Veröffentlichung wird die angenommene Bedeutung der Zeichen und Formulierungen bei Personalfachleuten allgemein bekannt.

Es kann nicht ausgeschlossen werden, dass der eine oder andere Zeugnisaussteller der Versuchung unterliegt, eine dieser in der Literatur vorgestellten speziellen Interpretationen zu benutzen, um in einem Arbeitszeugnis eine nachteilige Beurteilung oder Aussage verklausuliert unterzubringen.

Sie müssen deshalb darauf achten, dass folgende in der Literatur vorgestellten Geheimformulierungen oder Geheimzeichen in Ihrem Zeugnis nicht enthalten sind:

TABELLE **GEHEIMFORMULIERUNGEN IM ARBEITSZEUGNIS** CD-ROM

ZEUGNISTEXT	CODIERTE AUSSAGEN
Er war sehr tüchtig und wusste sich gut zu verkaufen.	Er war ein unangenehmer und rechthaberischer Wichtigtuer.
Er hat alle Arbeiten ordnungsgemäß/pflichtbewusst erledigt.	Er war ein Bürokrat ohne Eigeninitiative.
Im Umgang mit Kollegen und Vorgesetzten zeigte er eine erfrischende Offenheit.	Er ist vorlaut und mit einem Selbstbewusstsein ausgestattet, das seinen Leistungen nicht entspricht.
Seine Auffassungen wusste er intensiv zu vertreten.	Übersteigertes Selbstbewusstsein.
Herr Müller zeichnete sich insbesondere dadurch aus, dass er viele Verbesserungsvorschläge zur Arbeitsvereinfachung/Erleichterung machte.	Da der Zusatz fehlt, „die auch von uns übernommen wurden", kann dies darauf hinweisen, dass die Vorschläge zur eigenen Erleichterung oder zu seiner Bequemlichkeit gemacht wurden und es sich um einen besserwisserischen Arbeitnehmer handelt.
Herr Müller war wegen seiner Pünktlichkeit stets ein gutes Vorbild.	Durch die Betonung der selbstverständlichen Pünktlichkeit wird zum Ausdruck gebracht, dass die Arbeitsleistungen und der Arbeitserfolg gering waren.
Herr Müller hat Engagement für Arbeitnehmerinteressen außerhalb des Betriebs gezeigt.	Hinweis auf Streikteilnahme.

GEHEIMFORMULIERUNGEN IM ARBEITSZEUGNIS

ZEUGNISTEXT	CODIERTE AUSSAGEN
Im Kollegenkreis galt er als toleranter Mitarbeiter. Hat alle Arbeiten mit großem Fleiß und Interesse erledigt.	Für Vorgesetze war er ein schwerer Brocken. Zwar eifrig, aber nicht besonders tüchtig.
Hat sich im Rahmen seiner Fähigkeiten eingesetzt.	Hat getan, was er konnte, das war jedoch nicht viel.
War mit Interesse bei der Sache.	Hat sich angestrengt, aber nichts geleistet.
Zeigte für die Arbeit Verständnis.	War faul und hat nichts geleistet.
Hat sich mit großem Eifer an diese Aufgabe herangemacht und war dabei erfolgreich.	Die Leistungen waren dennoch mangelhaft.
Er verfügt über Fachwissen und zeigt ein gesundes Selbstvertrauen.	Geringes Fachwissen, das er mit großer Klappe zu übertünchen versucht.
Er war Neuem gegenüber stets aufgeschlossen.	Aber nicht, um es zu integrieren und zu verarbeiten.
Er verstand es, die Aufgaben mit Erfolg zu delegieren und setzte sich für die Förderung der Mitarbeiter ein.	Hat kaum selbst gearbeitet und Mitarbeiter durch Gehaltserhöhungen von Kritik an seiner Person abgehalten.
Wir bestätigen gerne, dass Herr Müller mit Fleiß, Ehrlichkeit und Pünktlichkeit an seine Aufgaben herangegangen ist.	Aber ohne fachliche Qualifikation.
Vorgesetzten und Mitarbeitern gegenüber war er durch seine aufrichtige und anständige Gesinnung ein angenehmer Mitarbeiter.	Aber nicht durch seine Tüchtigkeit.
Allen Aufgaben hat er sich mit Begeisterung gewidmet.	Aber ohne Erfolg.
Er hat an allen ihm gestellten Aufgaben mit großem Fleiß gearbeitet.	Aber ohne Erfolg.
Die ihm gemäßen Aufgaben ...	Die anspruchslosen Aufgaben ...

TABELLE **GEHEIMFORMULIERUNGEN IM ARBEITSZEUGNIS** CD-ROM

ZEUGNISTEXT	CODIERTE AUSSAGEN
Wir bescheinigen ihm gerne, dass er sich den ihm übertragenen Aufgaben mit Eifer gewidmet hat.	Aber ohne Erfolg.
Er hat unserer Organisation reges Interesse entgegengebracht.	Geleistet hat er jedoch nichts.

Was sind eigentlich Geheimzeichen?

Unter dem Stichwort Geheimzeichen werden folgende Verschlüsselungen vorgestellt:

ZEICHEN	BEDEUTUNG
Ein senkrechter Strich, links stehend vor der Unterschrift, sieht aus wie ein Ausrutscher	Mitglied einer Gewerkschaft
Ein so genannter Doppelausrutscher (Doppelhäkchen)	Mitglied einer linksgerichteten, verfassungsfeindlichen Organisation

Anführungs- und Ausrufezeichen

Ferner soll durch die Verwendung von Anführungszeichen, Ausrufezeichen, Unterstreichungen u. Ä. die wörtliche Aussage in ihr Gegenteil verkehrt werden. Wird in einem Zeugnis die Tätigkeit des Arbeitnehmers als „stellvertretender Geschäftsführer“ oder „erster Verkäufer“ mit Anführungszeichen versehen angegeben, besagen die Anführungsstriche angeblich, dass der Arbeitnehmer zwar als solcher auftrete, ihm eine solche Position aber tatsächlich nicht zustehe. Die scheinbar positive Aussage erhalte durch die Anführungsstriche nicht nur einen ironischen Beigeschmack, sondern schlichtweg eine negative Bedeutung.

Entsprechendes gelte, wenn einer Verkäuferin attestiert wird: „Frau Müller ist eine überdurchschnittliche Verkäuferin und hat auch gute Verkaufserfolge erzielt!“ Hier würden die guten Verkaufserfolge durch das Ausrufezeichen ins Gegenteil verkehrt.

Beurteilung der persönlichen Führung (Sozialverhalten)

Bei der Beurteilung der persönlichen Führung haben sich folgende Standardformulierungen entwickelt:

TABELLE **STANDARDFORMULIERUNGEN – PERSÖNLICHE FÜHRUNG** CD-ROM

Sehr gute Beurteilung	Sein persönliches Verhalten war stets vorbildlich. Herr Müller ist allseits anerkannt und geschätzt.
Gute Beurteilung	Sein persönliches Verhalten war stets einwandfrei.
Befriedigende Beurteilung	Sein persönliches Verhalten war einwandfrei.
Ausreichende Beurteilung	Sein Verhalten war höflich und korrekt.
Unzureichende Beurteilung	Das persönliche Verhalten war nicht frei von Beanstandungen.

Eingeschränkte Verhaltensbeurteilung

Bei der Verhaltensbeurteilung müssen Sie darauf achten, ob die attestierte Beurteilung generell gilt oder ob bestimmte Personen hiervon ausgenommen sind. In der Formulierung „Sein persönliches Verhalten gegenüber Kollegen war stets einwandfrei“ fehlt die Beurteilung des Verhaltens gegenüber Vorgesetzten und, sofern Kontakt mit Geschäftspartnern bestand, auch gegenüber diesen. Hieraus wird gefolgert, dass das persönliche Verhalten gegenüber Vorgesetzten und Geschäftspartnern zu beanstanden war.

Auf die Vollständigkeit und die Reihenfolge kommt es an

Eine negative Beurteilung kann auch versteckt sein, wenn bei der Beurteilung des persönlichen Verhaltens der in Frage kommende Personenkreis vollständig angegeben wird, jedoch nicht in der Reihenfolge, die der jeweiligen Bedeutung entspricht. Falls Personengruppen angegeben werden, müssen Sie prüfen, ob alle Personengruppen vollständig und in der richtigen Reihenfolge angegeben werden.

BEISPIEL **VERSTECKTE NEGATIVE BEURTEILUNGEN**

Fehlerhafte Reihenfolge

Sein Verhalten gegenüber Kollegen, Geschäftspartnern und Vorgesetzten war stets einwandfrei.

Bei dieser Formulierung wird angenommen, dass das Verhalten gegenüber Vorgesetzten nicht einwandfrei war und der Arbeitnehmer die Zusammenarbeit mit Kollegen und Geschäftspartnern für wichtiger ansah als ein einwandfreies Verhalten gegenüber Vorgesetzten.

Vollständigkeit der Personengruppen

Sein persönliches Verhalten gegenüber Vorgesetzten, Geschäftspartnern, Kollegen und Mitarbeitern war stets einwandfrei.

Diese Formulierung ist allerdings etwas lang und wenig elegant. Stilistisch besser wäre: Sein persönliches Verhalten war jederzeit einwandfrei.

Dies beinhaltet, dass das persönliche Verhalten gegenüber allen Personen, mit denen der Arbeitnehmer in Kontakt war, stets einwandfrei war. Bekräftigt kann diese Beurteilung werden durch die ergänzende Formulierung: Herr Meier ist allseits anerkannt und geschätzt.

Der Geheimcode bei der Beurteilung der persönlichen Führung

In der Zeugnisliteratur werden bei der Beurteilung der persönlichen Führung Zeugnisfloskeln vorgestellt, denen entgegen ihrem Wortlaut eine konkrete nachteilige Aussage zugemessen wird. Ob diese Floskeln stark verbreitet sind, kann jedoch mit Recht bezweifelt werden.

Unzulässige Geheimzeichen

Sie müssen darauf achten, dass in Ihrem Zeugnis diese Zeugnisfloskeln, die als unzulässige Geheimzeichen in einem Zeugnis nicht enthalten sein dürfen, beseitigt werden.

TABELLE **UNZULÄSSIGE GEHEIMZEICHEN** CD-ROM

Zeugnistext	Codierte Aussage
Durch seine Geselligkeit trug er zur Verbesserung des Betriebsklimas bei.	Er neigt zu übertriebenem Alkoholgenuss.
Für die Belange der Mitarbeiter bewies er immer Einfühlungsvermögen.	Er suchte ständig sexuelle Kontakte.
Für die Belange der Belegschaft bewies er/sie immer umfassendes Verständnis.	Homosexuelle/lesbische Aktivitäten im Unternehmen.
Im Kollegenkreis galt er als toleranter Mitarbeiter.	Für den Vorgesetzten dagegen war er ein schwerer Brocken.
Mit seinen Vorgesetzten ist er gut zurecht gekommen.	Ein Mitläufer, der sich gut zu verkaufen weiß.
Wir lernten ihn als umgänglichen Kollegen kennen.	Viele sahen ihn lieber gehen als kommen.
Aufgrund seiner anpassungsfähigen und freundlichen Art war er im Betrieb sehr geschätzt.	Er hatte Probleme mit dem Alkohol während seiner Arbeitszeit.
Er hat zur Verbesserung des Betriebsklimas beigetragen.	Alkoholprobleme im Dienst.
Herr M. trat sowohl innerhalb als auch außerhalb unseres Unternehmens engagiert für die Interessen der Kollegen ein.	Herr M. war im Betriebsrat tätig.
Durch seine Geselligkeit trug er zur Verbesserung des Betriebsklimas bei.	Er hat sich gewerkschaftlich betätigt.

Schlussformulierungen

Der Schlussformulierung kommt eine nicht unerhebliche Bedeutung bei der Bewertung Ihres Arbeitszeugnisses zu. Eine Schlussformulierung kann eine vorangegangene gute Beurteilung bekräftigen oder in Frage stellen und damit entwerten.

Ein wesentlicher Punkt, der in der Schlussformulierung aufzunehmen ist, besteht in der Aussage, wer das Arbeitsverhältnis beendete. Wenn Sie das Arbeitsverhältnis durch Kündigung beendet haben, haben Sie einen Anspruch darauf, in der Schlussformulierung bescheinigt zu erhalten, dass das Arbeitsverhältnis auf Ihren Wunsch endet.

BEISPIEL **SIE HABEN SELBST GEKÜNDIGT**

Herr M. scheidet mit dem heutigen Tag auf eigenen Wunsch aus unserem Unternehmen aus.

Mit dieser Formulierung wird klargestellt, dass Sie das Unternehmen auf eigenen Wunsch verlassen wollten. Dies schließt allerdings nicht aus, dass Ihr Arbeitgeber diesen Wunsch nicht auch hatte.

Insbesondere, wenn der Arbeitgeber auf einen Arbeitnehmer zukommt und mit ihm über die einvernehmliche Beendigung des Arbeitsverhältnisses verhandelt, wird ein gut beratener Arbeitnehmer vielfach auch aushandeln, dass das Ausscheiden des Arbeitnehmers auf eigenen Wunsch im Zeugnis erwähnt wird.

Dies stellt keinen Verstoß gegen den Grundsatz der Wahrheitspflicht dar, wenn es zu einer einvernehmlichen Beendigung des Arbeitsverhältnisses kommt. In diesem Fall kommt zwischen Arbeitgeber und Arbeitnehmer eine Vereinbarung zustande, der beide Parteien zustimmen. Die Beendigung des Arbeitsverhältnisses erfolgt dann auf Wunsch des Arbeitgebers und des Arbeitnehmers. Der Umstand, dass der Arbeitgeber die Beendigung des Arbeitsverhältnisses auch wünschte, kann im Zeugnis dadurch zum Ausdruck kommen, dass das Ausscheiden des Arbeitnehmers auf eigenen Wunsch vom Arbeitgeber nicht bedauert wird. Wenn Sie das Arbeitsverhältnis auf eigene Initiative beendet haben, sollten Sie deshalb darauf achten, dass im Arbeitszeugnis nicht nur angegeben wird, dass das Arbeitsverhältnis auf Ihren Wunsch endete, sondern auch, dass Ihr Arbeitgeber dies bedauert.

BEDAUERNSKLAUSEL BEISPIEL

Herr A. scheidet auf eigenen Wunsch aus unserem Unternehmen aus. Wir bedauern seine Entscheidung, danken ihm für seine Tätigkeit und wünschen ihm weiterhin viel Erfolg und persönlich alles Gute.

Standard-Schlussformulierungen

Hier einige Standard-Schlussformulierungen und ihre Bedeutung:

TABELLE **SCHLUSSFORMULIERUNGEN** CD-ROM

Sehr gute Beurteilung	Herr A. scheidet auf eigenen Wunsch aus unserem Unternehmen aus. Wir bedauern diese Entscheidung sehr, da wir mit ihm einen wertvollen Mitarbeiter verlieren. Wir danken ihm für seine Tätigkeit und wünschen ihm weiterhin viel Erfolg und persönlich alles Gute.
Weniger gute Beurteilung	Herr A. scheidet auf eigenen Wunsch aus unserem Unternehmen aus. Wir danken ihm für seine Arbeit und wünschen ihm für die Zukunft alles Gute.
Ungünstige Beurteilung	Herr A. scheidet mit dem heutigen Tag auf eigenen Wunsch aus unserem Unternehmen aus. Wir wünschen ihm für die Zukunft alles Gute. *Hier wird zwar das Ausscheiden auf eigenen Wunsch bestätigt. Es fehlen jedoch das Bedauern sowie der Dank für die geleistete Tätigkeit. Unter Berücksichtigung dieser Umstände können die Zukunftswünsche so gewertet werden, als ob der Arbeitnehmer gute Wünsche nötig habe.*

Noch problematischer	Wir wünschen ihm für die Zukunft viel Glück. Hier wird suggeriert: Bisher hatte er dieses Glück nicht.
Ebenfalls problematisch	Das Arbeitsverhältnis endet in gegenseitigem Einvernehmen. *Hierdurch wird offensichtlich, dass es zu Differenzen gekommen ist und das Einvernehmen in der Beendigung des Arbeitsverhältnisses bestand. Ob diese Differenzen vom Arbeitnehmer verschuldet waren, ist der Formulierung zwar nicht zu entnehmen, aber ein künftiger Arbeitgeber kann hierüber spekulieren. Außerdem besteht die Gefahr, dass er, falls er seine Spekulationsergebnisse überprüfen will, beim Zeugnisaussteller telefonische Auskünfte über Sie einholt. Den Inhalt dieser Auskünfte können Sie nur mit erheblichen Schwierigkeiten überprüfen.*

Fazit

Zusammenfassend ist festzuhalten: Ein Arbeitszeugnis kann nicht aufgrund einzelner Aussagen oder der zusammenfassenden Beurteilung der Leistungen und des persönlichen Verhaltens beurteilt werden. Das Zeugnis muss vielmehr als Ganzes analysiert werden.

ACHTUNG

GESAMTAUSSAGE WICHTIG

Einzelne Aussagen können durch den Gesamteindruck, den das Zeugnis vermittelt, relativiert oder ins Gegenteil verkehrt werden. Entscheidend ist die Aussage, die das Zeugnis im Gesamtzusammenhang vermittelt.

Hierbei ist maßgeblich, ob über Sie ein eher aktiver oder passiver Eindruck vermittelt wird. Die Formulierungen „... war beschäftigt", „... wurde eingesetzt" vermitteln zum Beispiel einen passiven Eindruck von Ihrer Tätigkeit, während durch die Wendung „... war als ... tätig“ ein aktiver Eindruck vermittelt wird.

Wichtig ist auch, dass überflüssige oder mehrdeutige Formulierungen im Zeugnis nicht enthalten sind. Da jeder Zeugnisleser im Zeugnis nach Andeutungen sucht, um etwaige Probleme eines Arbeitnehmers, die im Zeugnis in der Regel nicht klar zum Ausdruck kommen, zu erkennen, sind überflüssige, unklare oder mehrdeutige Formulierungen problematisch und führen dazu, dass gute Leistungsbeurteilungen in Frage gestellt oder Nachfragen beim Zeugnisaussteller nahe gelegt werden.

UNKLARE BZW. ÜBERFLÜSSIGE FORMULIERUNG BEISPIEL

Wir haben Herrn M. als guten Mitarbeiter kennen gelernt.

Hier ergibt sich die Frage, was die Formulierung „als guten Mitarbeiter kennen gelernt" bedeuten soll. Wenn Herr M. als guter Mitarbeiter beurteilt werden soll, ist die Aussage „Herr M. ist ein guter Mitarbeiter" klar und eindeutig. „Kennen gelernt" ist überflüssig und kann die Einschränkung enthalten, dass er gelegentlich gut mitarbeitete, überwiegend jedoch kein guter Mitarbeiter war.

Ähnliches gilt für Formulierungen wie „bestätigen“ oder „bescheinigen“. Derartige Formulierungen sind in einem Zeugnis, das kurz gefasst und klar sein soll, überflüssig und provozieren die Frage, weshalb dieser überflüssige Formulierungsstil gewählt wurde.

Zu achten ist auch auf einschränkende Relativierungen.

EINSCHRÄNKENDE RELATIVIERUNGEN BEISPIEL

Die Aufgaben, die wir ihm übertrugen, erledigte er zu unserer Zufriedenheit.

Hieraus kann gefolgert werden, dass dem Arbeitnehmer Aufgaben jeweils übertragen werden mussten, er sie nicht von sich aus selbstständig bewältigte und keine Eigeninitiative zeigte.

Einschränkend und damit abwertend sind auch Worte wie „dabei“ und „auch“, z. B.: „Er hatte auch Erfolg.“ Damit wird gegenüber der klaren Bedeutung „Herr A. war ein erfolgreicher Mitarbeiter“ suggeriert, dass der Erfolg nicht ausreichend war.

BEISPIEL

EINSCHRÄNKENDE FORMULIERUNG

Ähnlich subtil kann mit dem Wort „dabei" zum Ausdruck gebracht werden, dass der Erfolg nur bei einer bestimmten Tätigkeit eingetreten ist:

„Daneben war er mit der Einführung eines internen EDV-Programmpakets zur Optimierung unserer Statik- und Kalkulationsarbeiten befasst. Dabei hatte er große Erfolge zu verzeichnen."

Da sich die großen Erfolge nur auf die Einführung des internen EDV-Programmpakets beziehen, kommt zum Ausdruck, dass ansonsten keine großen Erfolge erzielt wurden.

Checkliste zur Analyse Ihres Arbeitszeugnisses

Die folgende Checkliste finden Sie auch auf Ihrer CD-ROM, direkt zum Übernehmen in Ihre Textverarbeitung oder für die Ausgabe über Ihren Drucker.

CHECK **ANALYSE DES ARBEITSZEUGNISSES** CD-ROM

	ja	nein
EINLEITUNG		
Enthält das Zeugnis Ihren Vor- und Nachnamen sowie Ihre Berufsbezeichnung und gegebenenfalls Ihren Titel?	☐	☐
Ist die Dauer des Arbeitsverhältnisses im Arbeitszeugnis zutreffend angegeben?	☐	☐
Wird Ihre Tätigkeit aktiv („war tätig") und nicht passiv („wurde beschäftigt") beschrieben?	☐	☐
TÄTIGKEITSBESCHREIBUNG		
Sind Ihre Aufgaben mit ihren typischen Merkmalen so vollständig und genau angegeben, dass sich ein fachkundiger Dritter zutreffend über Ihre bisherigen Tätigkeiten informieren kann?	☐	☐
Ist bei Veränderungen des Aufgabenbereichs Ihre berufliche Entwicklung dargelegt?	☐	☐
Werden alle für Ihre Tätigkeit bedeutsamen Aufgaben erwähnt?	☐	☐
Werden wichtige Aufgaben ihrer Bedeutung entsprechend angeführt?	☐	☐
Werden unwichtige oder untergeordnete Aufgaben in der Tätigkeitsbeschreibung betont?	☐	☐
Vermittelt die Tätigkeitsbeschreibung einen aktiven („war tätig") und keinen passiven („wurde beschäftigt") Eindruck Ihrer Arbeitsweise?	☐	☐
LEISTUNGSBEURTEILUNG		
Werden in der Leistungsbeurteilung einzelne Leistungsmerkmale (z. B. Fachwissen, Sorgfalt, Zuverlässigkeit, Erfolg, Selbstständigkeit), die für Ihre Aufgabenerfüllung wichtig waren, erwähnt?	☐	☐
Werden für Ihre Aufgabenerfüllung unwichtige Leistungsmerkmale angegeben?	☐	☐

CHECK

ANALYSE DES ARBEITSZEUGNISSES

CD-ROM

	ja	nein
Werden wichtige Beurteilungspunkte für Ihre Arbeitsweise erwähnt?	☐	☐
Ist eine zusammenfassende Leistungsbeurteilung enthalten?	☐	☐
Entspricht die sich aus der zusammenfassenden Leistungsbeurteilung ergebende Note Ihren Leistungen?	☐	☐
Wird die Benotung in der zusammenfassenden Leistungsbeurteilung durch die Beurteilung einzelner Leistungsmerkmale bestätigt?	☐	☐
Wird bei Vorgesetzten das Führungsverhalten gegenüber Mitarbeitern beurteilt?	☐	☐
Sind die Formulierungen knapp und kühl?	☐	☐
Werden Selbstverständlichkeiten oder für Ihre Aufgabenerfüllung unwichtige Eigenschaften (z. B. Pünktlichkeit, Ehrlichkeit, Ordentlichkeit) betont?	☐	☐
Sind lobende Ausführungen kompliziert formuliert?	☐	☐
Enthalten lobende Ausführungen Einschränkungen?	☐	☐
Sind doppeldeutige Formulierungen (Einfühlungsvermögen, Geselligkeit) enthalten?	☐	☐
PERSÖNLICHES VERHALTEN		
Wird das Verhalten gegenüber Kollegen oder Mitarbeitern besser beurteilt als das Verhalten gegenüber Vorgesetzten oder Geschäftspartnern?	☐	☐
Wird das Verhalten gegenüber Kollegen und Mitarbeitern beurteilt, nicht jedoch das Verhalten gegenüber Vorgesetzten oder Geschäftspartnern?	☐	☐
Werden in der Verhaltensbeurteilung Personengruppen, mit denen Sie Kontakt hatten, erwähnt, jedoch nicht alle?	☐	☐
SCHLUSSFORMULIERUNG		
Kommt im Zeugnis zum Ausdruck, dass Sie das Arbeitsverhältnis auf eigenen Wunsch beendet haben?	☐	☐
Wird das Ausscheiden bedauert?	☐	☐
Wird Ihnen für Ihre Arbeit gedankt?	☐	☐

ANALYSE DES ARBEITSZEUGNISSES

	ja	nein
Sind Zukunftswünsche im Zeugnis enthalten?	☐	☐
Entspricht die Beurteilung, die sich aus der Formulierung der Zukunftswünsche ergibt, Ihren Leistungen?	☐	☐
Ist die Beendigung im gegenseitigen Einvernehmen (d. h. die Beendigung wurde ausgehandelt) enthalten?	☐	☐
GESAMTEINDRUCK		
Sind Widersprüche im Zeugnis enthalten, die klärungsbedürftig sind und gute Beurteilungen in Frage stellen?	☐	☐
Erweckt das Zeugnis den Eindruck, dass der Zeugnisaussteller Ihnen gegenüber wohlwollend war und die Zeugnisausstellung nicht nur als lästige Pflicht ansieht?	☐	☐
FORM		
Wurde das Zeugnis auf einem Briefbogen Ihres Arbeitgebers ausgestellt?	☐	☐
Sind im Zeugnis Schreibfehler enthalten?	☐	☐
Weist das Zeugnis Flecken oder Knicke oder sonstige Beschädigungen auf?	☐	☐
Enthält das Zeugnis Zeichen oder Hinweise, die als Geheimzeichen interpretiert werden könnten?	☐	☐
Wurde das Zeugnis von Ihrem Arbeitgeber persönlich oder von einem Vertreter des Arbeitgebers, dessen Vertretungsvollmacht ausgewiesen ist, ausgestellt?	☐	☐
Weicht das Ausstellungsdatum wesentlich von dem Datum der Beendigung des Arbeitsverhältnisses ab?	☐	☐
Ist das Zeugnis optisch gut gestaltet?	☐	☐
Stehen die Länge der Tätigkeitsbeschreibung und diejenige der Leistungsbeurteilung in einem angemessenen Verhältnis zueinander?	☐	☐
Entspricht die Länge des Zeugnisses (1–2 Seiten) der Art Ihrer Tätigkeit sowie der Dauer Ihrer Betriebszugehörigkeit?	☐	☐

Wie sehen Zeugnisse von Kolleginnen und Kollegen aus?

35 Musterzeugnisse für verschiedene Berufe und Branchen mit Benotung

Hier finden Sie Zeugnismuster für unterschiedliche Berufe, Branchen und Tätigkeiten mit Zeugnisanalyse und Benotung.

In den Mustern finden Sie konkrete Beispiele für die Tätigkeitsbeschreibung, außerdem zahlreiche die Standardformulierungen ergänzende Textvorschläge, mit denen unterschiedliche Leistungen in unterschiedlichen Berufen und Tätigkeiten sowie das Sozialverhalten differenziert beurteilt werden.

Sie können anhand der Muster erkennen, wie Zeugnisse im Gesamtzusammenhang formuliert werden, welche Beurteilungen zu einzelnen Tätigkeiten passen und welche Bedeutung sie für die jeweilige Tätigkeit haben.

Darüber hinaus lernen Sie anhand der Muster und der Benotung die feinen Nuancen der Zeugnissprache und können dadurch Ihr eigenes Zeugnis sachgerecht lesen und richtig verstehen und Zeugnisse selbst zutreffend formulieren.

Kaufmännische Angestellte im Handwerksbetrieb

MUSTER

CD-ROM

ZEUGNIS

Frau Barbara Meier, geboren am 08. August 1971, war vom 1. Oktober 2002 bis zum 31. März 2008 in meinem Glasereibetrieb als kaufmännische Angestellte tätig.

Sie war mit der Organisation und der Durchführung der anfallenden Büroarbeiten befasst. Hierzu gehörten insbesondere:

- die Bearbeitung der ein- und ausgehenden Post einschließlich der Aktenführung,
- der Empfang von Kunden und die Bedienung des Telefons,
- die Durchführung der allgemeinen Schreibarbeiten einschließlich der Erstellung von Angeboten nach Diktat,
- die Fakturierung und das Mahnwesen,
- die Erfassung der Arbeitszeit der einzelnen gewerblichen Mitarbeiter,
- die Vorbereitung der Buchhaltungsunterlagen für den Steuerberater.

Frau Meier verfügt über organisatorisches Geschick und ist durch ihre zügige Arbeitsweise auch großem Arbeitsanfall jederzeit gewachsen. Mit ihrer schnellen Auffassungsgabe und ihrer selbstständigen, zuverlässigen und gründlichen Arbeitsweise bewältigte sie ihren Aufgabenkreis stets zu meiner vollen Zufriedenheit. Ihr persönliches Verhalten war jederzeit einwandfrei.

Frau Meier scheidet auf eigenen Wunsch aus meinem Betrieb aus. Ich bedauere ihre Entscheidung, danke ihr für ihre Mitarbeit und wünsche ihr weiterhin viel Erfolg und persönlich alles Gute.

Breisach, den 31. März 2008 gez. Heinz Strasser

– Geschäftsführer –

Beurteilung

Der Tätigkeitsbereich von Frau Meier ist umfassend und klar durchdacht beschrieben. In der Leistungsbeurteilung wird das organisatorische Geschick sowie die zügige, zuverlässige und selbstständige Arbeitsweise dargelegt. Die gute zusammenfassende Leistungsbeurteilung „stets zur vollen Zufriedenheit“ ist damit durch die Beurteilung einzelner Leistungsmerkmale belegt. Auch das persönliche Verhalten wird mit „jederzeit einwandfrei“, d. h. gut beurteilt. Bestätigt werden diese Beurteilungen durch die Schlussformulierung, in der das Ausscheiden auf eigenen Wunsch bedauert und der Angestellten für die Mitarbeit gedankt und ihr weiterhin viel Erfolg gewünscht wird.

Fazit

Das Zeugnis stellt eine uneingeschränkt gute Beurteilung der Leistungen und der persönlichen Führung der Mitarbeiterin dar. Aufgrund dieses Zeugnisses hat die Mitarbeiterin alle Bewerbungschancen.

Note: 2

Kaufmännischer Angestellter in der Einkaufsabteilung

MUSTER

CD-ROM

ZEUGNIS

Herr Peter Müller, geboren am 4. November 1969 in Gießen, war vom 1. Januar 2000 bis zum 31. März 2008 als Industriekaufmann in unserer Einkaufsabteilung tätig.

Sein Aufgabengebiet umfasste den weitgehend selbstständigen Einkauf von Materialien für unsere Produktgruppen aus der Kellereitechnik, dem Edelstahl-Apparatebau, dem Armaturenbau sowie der Solarienfertigung.

Herrn Müller oblagen alle mit diesem Aufgabengebiet verbundenen Arbeiten wie Einholung von Angeboten, Führung von Preisverhandlungen, Disposition und Beschaffung des Materials, Rechnungsprüfung sowie die Abwicklung des mit dem Einkauf verbundenen Schriftverkehrs.

Herr Müller zeigte Einsatzbereitschaft und Initiative und verfügt über eine sichere Urteilsfähigkeit. Er arbeitete selbstständig und sicher, hatte oft neue Ideen und fand gute Lösungen. Seine Leistungen haben stets unsere volle Anerkennung gefunden.

Bei Vorgesetzten, Geschäftspartnern und Kollegen ist Herr Müller geschätzt. Sein persönliches Verhalten war jederzeit einwandfrei.

Aus betrieblichen Gründen endet das Arbeitsverhältnis von Herrn Müller mit dem heutigen Tag. Wir bedauern diese Entwicklung, da wir mit Herrn Müller einen guten Mitarbeiter verlieren. Wir danken ihm für seine bisherige Arbeit und wünschen ihm für die Zukunft weiterhin Erfolg und persönlich alles Gute.

Karlsruhe, den 31. März 2008 gez. Heinz Strasser

– Geschäftsführer –

Beurteilung

Die Position des Angestellten ist im Zeugnis nicht klar bezeichnet. Auch die hierarchische Einordnung ist nicht konkret beschrieben. Aufgrund der Tätigkeitsbeschreibung kann allerdings davon ausgegangen werden, dass der Angestellte als Einkaufssachbearbeiter tätig war, was unter dem „weitgehend selbstständigen Einkauf" zu verstehen ist. In einem Bewerbungsgespräch muss der Angestellte damit rechnen, hierauf angesprochen zu werden.

In der Leistungsbeurteilung werden dem Angestellten Einsatzbereitschaft und Initiative sowie eine sichere Urteilsfähigkeit bestätigt, ferner selbstständige Arbeitsweise, wobei er oft neue Ideen hat und gute Lösungen findet. Hieraus ergeben sich keine Anhaltspunkte dafür, die ungenaue Formulierung „weitgehend selbstständigen Einkauf" nachteilig zu interpretieren, zumal Herrn Müller durch die zusammenfassende Leistungsbeurteilung „stets unsere volle Anerkennung" gute Leistungen attestiert werden, die durch die Beurteilung der einzelnen Leistungsmerkmale belegt sind.

Auch die Verhaltensbeurteilung ist gut. Das persönliche Verhalten war jederzeit einwandfrei. Herr Müller ist auch geschätzt. Hierdurch wird die gute Verhaltensbeurteilung unterstrichen.

Fazit

Es handelt sich um ein Zeugnis mit guter Leistungs- und guter Verhaltensbeurteilung, trotz des Ausscheidens auf Wunsch des Arbeitgebers aus betriebsbedingten Gründen.

Note: 2

Bürogehilfin

MUSTER CD-ROM

ZEUGNIS

Frau Barbara Meier, geboren am 20. April 1983 in Karlsruhe, trat am 1. September 2004 als Bürogehilfin in unser Unternehmen ein.

Sie war in unserer zentralen Verwaltungsabteilung tätig. Ihr Aufgabenbereich umfasste im Wesentlichen:

- Bearbeitung der ein- und ausgehenden Post,
- Ausführung des Schriftverkehrs am PC mit MS-Word nach Diktaphon und nach Vorlagen,
- Anfertigen einfacher Schreiben nach allgemeinen Angaben,
- Ausführen von Registratur-, Kartei- und statistischen Arbeiten,
- Führen von Wiedervorlagebüchern,
- Beschaffen von Büromaterial,
- Telefonvermittlungsdienst.

Frau Meier arbeitete umsichtig und gründlich. Sie bewältigte ihre Aufgaben zu unserer Zufriedenheit.

Ihr persönliches Verhalten war jederzeit einwandfrei.

Frau Meier scheidet auf eigenen Wunsch mit dem heutigen Tag aus unserem Unternehmen aus. Wir wünschen ihr für die Zukunft alles Gute.

Böblingen, den 30. Juni 2008

gez. Heinz Strasser
– Geschäftsführer –

Beurteilung

Es handelt sich bei der Bürogehilfin um eine Mitarbeiterin, die allgemeine Sekretariats- und Verwaltungsarbeiten ausführt. Diese Arbeiten verrichtet sie umsichtig und gründlich, offensichtlich jedoch nicht schnell und auch nicht zuverlässig und wohl auch nicht sehr rationell. In der zusammenfassenden Leistungsbeurteilung werden ihr deshalb nur ausreichende („zu unserer Zufriedenheit") Leistungen attestiert, ihr persönliches Verhalten wird mit gut („jederzeit einwandfrei") bewertet. Entsprechend der nur ausreichenden Leistungsbeurteilung wird das Ausscheiden von Frau Meier auf eigenen Wunsch nicht bedauert. Ihr wird in der Schlussformulierung auch nicht für ihre Tätigkeit gedankt. Dies lässt darauf schließen, dass das Ausscheiden nicht ungern gesehen wurde.

Fazit

Nach dem Zeugnis scheint der persönliche Umgang mit Frau Meier angenehm zu sein, allerdings lassen ihre Leistungen zu wünschen übrig, insbesondere ist sie nicht hinreichend in der Lage, selbstständig, zuverlässig und zügig zu arbeiten.

Note: 4

Sekretärin

MUSTER CD-ROM

ZEUGNIS

Frau Barbara Meier, geboren am 3. Juli 1960 in Hamburg, war vom 1. August 1999 bis zum 30. Juni 2008 als Sekretärin des Vertriebsleiters in unserem Hause tätig.

In dieser Funktion hatte sie folgenden Aufgabenbereich:
- Organisation des Sekretariats einschließlich Registratur,
- Ausführung der Korrespondenz nach Diktat, Diktaphon und Vorlagen,
- Empfang von Besuchern,
- Telefondienst,
- Terminkoordination,
- Vorbereitung und Abrechnung von Dienstreisen.

Frau Meier führte den ihr übertragenen Aufgabenbereich stets zur vollen Zufriedenheit durch. Hervorzuheben sind ihre Einsatzfreudigkeit, ihre hohe Belastbarkeit, ihre Ausdauer und ihr Fleiß. Auf ihre zuverlässige, umsichtige und gewissenhafte Arbeitsweise war auch in schwierigen Situationen jederzeit Verlass. Dienstliche Belange hat Frau Meier stets voll berücksichtigt und hierbei private Belange zurückgestellt.

Aufgrund ihrer fachlichen Kompetenz und ihrer persönlichen Integrität war Frau Meier sowohl bei ihren Vorgesetzten und der Geschäftsleitung als auch bei Kollegen sehr geschätzt.

Ihr persönliches Verhalten war stets einwandfrei.

Frau Meier verlässt uns zum 30. Juni 2008 auf eigenen Wunsch. Wir bedauern ihre Entscheidung, danken ihr für ihre Tätigkeit und wünschen ihr weiterhin Erfolg und persönlich alles Gute.

Hannover, den 30. Juni 2008 gez. Heinz Strasser

Beurteilung

Der Aufgabenbereich der Sekretärin wird klar und aussagekräftig dargelegt. In der Leistungsbeurteilung werden u. a. ihre Einsatzfreudigkeit und ihre hohe Belastbarkeit sowie ihre zuverlässige und gewissenhafte Arbeitsweise hervorgehoben. Außerdem wird angegeben, dass sie dienstliche Belange stets voll berücksichtigte und private Belange zurückstellte. Die Leistungsbeurteilung ist damit überdurchschnittlich. Durch den Hinweis, dass sie private Belange zurückstellte, wird angedeutet, dass sie bei betrieblichen Erfordernissen auch jederzeit zur Absolvierung von Überstunden bereit war und sich mit dienstlichen Belangen identifizierte.

Auch die Verhaltensbeurteilung ist überdurchschnittlich. Ihr wird nicht nur stets einwandfreies Verhalten attestiert, sondern auch, dass sie sehr geschätzt war.

Dieser überdurchschnittlichen Leistungs- und Verhaltensbeurteilung entspricht die Schlussformulierung, in der das Ausscheiden bedauert und der Mitarbeiterin für die Tätigkeit gedankt und ihr weiterhin viel Erfolg gewünscht wird.

Fazit:

Eine weitaus überdurchschnittliche Leistungs- und Verhaltensbeurteilung mit guter Schlussformulierung.

Note: 1,5

Sachbearbeiterin Auftragsabwicklung

MUSTER

CD-ROM

ZEUGNIS

Frau Barbara Meier, geboren am 13. Juli 1982 in Offenburg, trat am 1. April 2004 als Sachbearbeiterin Auftragsabwicklung in unsere Dienste.

Die Hauptaufgaben im Rahmen ihrer Tätigkeit bestanden in:
- Überprüfung der vom Vertrieb eingehenden Aufträge,
- EDV-mäßige Aufbereitung und Erfassung dieser Aufträge,
- Weiterleitung an die Logistik zur Produktionsplanung,
- Information der Kunden über Liefertermine,
- Koordination zwischen Vertrieb, TKD und Software-Abteilung in der Installationsphase.

Frau Meier hat sich rasch in das sehr umfangreiche Gebiet eingearbeitet und konnte ihre Aufgaben nach kurzer Zeit selbstständig bearbeiten.

Die ihr übertragenen Aufgaben erledigte sie zügig und gründlich zu unserer vollen Zufriedenheit.

Im Kunden- und Kollegenkreis war sie sehr beliebt. Ihr Verhalten gegenüber Vorgesetzten war korrekt.

Frau Meier verlässt uns auf eigenen Wunsch zum 31. Juli 2008. Wir wünschen ihr für die Zukunft alles Gute.

Stuttgart, den 31. Juli 2008

gez. ppa Heinz Birner	gez. Paul Lehmbruch
– Leiter Auftragsabwicklung –	– Personalleiter –

Beurteilung

Der Mitarbeiterin wird bestätigt, dass sie sich rasch in ihr Aufgabengebiet einarbeitete und ihre Aufgaben nach kurzer Zeit selbstständig bearbeitete. Angesichts des wenig anspruchsvollen Aufgabengebiets und der lange zurückliegenden Einarbeitungszeit stellt dies jedoch keine Auszeichnung dar. Der Mitarbeiterin wird auch bescheinigt, dass sie ihre Arbeiten zügig und gründlich zur vollen Zufriedenheit „erledigte". Besser wäre die Formulierung „bewältigte". Nicht attestiert wird der Mitarbeiterin, dass sie die Aufgaben zuverlässig bearbeitete. Dies spricht dafür, dass sie ihre Aufgaben selbstständig und gründlich, allerdings nicht immer frei von Fehlern ausführte. Die Leistungen werden dementsprechend zusammenfassend mit befriedigend („zur vollen Zufriedenheit") beurteilt.

Problematisch ist die Verhaltensbeurteilung. Bestätigt wird der Mitarbeiterin große Beliebtheit bei Kunden und Kollegen, nicht jedoch bei Vorgesetzten. Das Verhalten diesen gegenüber wird nur als korrekt eingestuft, wobei die Verhaltensbeurteilung gegenüber Vorgesetzten nach Kunden und Kollegen erfolgt. Dies deutet auf ein erhebliches Fehlverhalten hin.

Dem entspricht, dass Frau Meier zwar auf eigenen Wunsch ausscheidet, ihr Ausscheiden aber nicht bedauert und ihr für ihre Tätigkeit auch nicht gedankt wird. Dies legt den Schluss nahe, dass Frau Meier das Ausscheiden nahe gelegt wurde.

Fazit

Der Mitarbeiterin werden befriedigende Leistungen attestiert, die Verhaltensbeurteilung ist jedoch nicht ausreichend. Es ist anzunehmen, dass die durchschnittlich arbeitende Mitarbeiterin aufgrund eines persönlichen Fehlverhaltens aus dem Unternehmen ausscheiden musste.

Leistungsbeurteilung: 3
Verhaltensbeurteilung: 4,5

Steuerfachgehilfin

MUSTER CD-ROM

ZEUGNIS

Frau Barbara Meier, geboren am 20. Dezember 1973, war vom 1. Februar 1997 bis zum 31. März 2008 in meiner Kanzlei als Steuerfachgehilfin tätig.

Ihr war die selbstständige Betreuung von Mandanten übertragen. Hierbei umfasste ihr Aufgabenbereich im Wesentlichen:

- Erstellen von Bilanzen und Einnahmen-Überschuss-Rechnungen,
- Bearbeitung von Einkommen-, Umsatz-, Gewerbe- und Körperschaftsteuererklärungen,
- Finanzbuchhaltung,
- Lohnbuchhaltung.

Frau Meier zeigte Eigeninitiative und setzte sich mit überdurchschnittlicher Einsatzbereitschaft für unsere Kanzlei ein. Sie verfügt über umfassende Steuerfachkenntnisse und beherrschte ihren Arbeitsbereich selbstständig und sicher. Die ihr übertragenen Aufgaben bewältigte sie jederzeit zu meiner vollen Zufriedenheit.

Ihr persönliches Verhalten war stets einwandfrei. Sowohl in unserem Haus als auch bei unseren Mandanten ist sie anerkannt und geschätzt.

Frau Meier scheidet auf eigenen Wunsch mit dem heutigen Tag aus meiner Kanzlei aus. Ich bedauere ihre Entscheidung, danke ihr für ihre Arbeit und wünsche ihr für die Zukunft weiterhin viel Erfolg und persönlich alles Gute.

Freiburg, den 31. März 2008

gez. Heinz Strasser

Steuerberater

Beurteilung

Es handelt sich um ein in allen Punkten gutes Zeugnis. Der Aufgabenbereich der Steuerfachgehilfin ist klar und aussagekräftig erläutert. Ihr werden Eigeninitiative und überdurchschnittliche Einsatzbereitschaft sowie umfassende Steuerfachkenntnisse attestiert. Außerdem beherrscht sie ihren Aufgabenbereich selbstständig und sicher. Die gute zusammenfassende Leistungsbeurteilung („jederzeit zur vollen Zufriedenheit") entspricht der Bewertung der einzelnen Leistungsmerkmale.

Auch die Verhaltensbeurteilung ist überdurchschnittlich. Ihr Verhalten war stets einwandfrei. Außerdem wird ihr bescheinigt, dass sie im Steuerberaterbüro sowie bei den Mandanten anerkannt und geschätzt ist.

Dieser überdurchschnittlichen Leistungs- und Verhaltensbeurteilung entspricht die Schlussformulierung, in der das Ausscheiden bedauert wird, der Steuerfachgehilfin für ihre Arbeit gedankt und ihr weiterhin viel Erfolg gewünscht wird.

Fazit

Überdurchschnittliches Zeugnis.

Note: 2

Buchhalter

MUSTER CD-ROM

ZEUGNIS

Herr Peter Müller, geboren am 8. Februar 1967 in Köln, war vom 1. November 2001 bis zum 30. Juni 2008 in unserem Haus als Buchhalter tätig.

Sein Aufgabenbereich umfasste die gesamten anfallenden Arbeiten der Lohn- und Finanzbuchhaltung. Hierzu gehörten die Führung der Personen- und Sachkonten, die Erstellung der monatlichen Lohn- und Gehaltsabrechnungen, die Überwachung des gesamten Zahlungsverkehrs mit Lieferanten, Behörden und Finanzamt und die selbstständige Führung der Korrespondenz.

Herr Müller verfügt über solide buchhalterische Fachkenntnisse. Er hat der geforderten Einsatzbereitschaft entsprochen und ist dem üblichen Arbeitsanfall gewachsen. Den ihm übertragenen Aufgabenbereich hat er stets zu unserer Zufriedenheit erfüllt.

Sein persönliches Verhalten war einwandfrei.

Herr Müller scheidet mit dem heutigen Tag auf eigenen Wunsch aus unserem Unternehmen aus. Wir wünschen ihm für die Zukunft alles Gute.

Köln, den 30. Juni 2008

gez. ppa Heinz Strasser – Leiter Rechnungswesen –

gez. ppa. Lehmbruch – Personalleiter –

Beurteilung

Der Aufgabenbereich des Buchhalters ist klar erläutert. Ihm werden solide, d. h. keine guten oder umfassenden Buchhaltungskenntnisse attestiert. Bestätigt wird auch, dass er dem üblichen Arbeitsanfall gewachsen ist und der geforderten Einsatzbereitschaft entsprochen hat. Dies lässt darauf schließen, dass er gefordert werden musste und von sich aus wenig Einsatz zeigte. Einem nicht üblichen, überdurchschnittlichen Arbeitsanfall ist er nicht gewachsen. Zu berücksichtigen ist auch, dass ihm weder eine zuverlässige noch eine rationelle oder eine zügige Arbeitsweise attestiert werden. Hierdurch wird angedeutet, dass die Leistungen des Buchhalters unterdurchschnittlich waren, er nicht über Eigeninitiative verfügte, nicht zügig und zuverlässig arbeitete und teilweise mit seinen Arbeiten in Rückstand geriet. Dementsprechend werden seine Leistungen als unterdurchschnittlich („stets zu unserer Zufriedenheit“) beurteilt.

Sein persönliches Verhalten wird mit durchschnittlich („war einwandfrei“) benotet.

In der Schlussformulierung ist angegeben, dass Herr Müller auf eigenen Wunsch ausschied. Dieses Ausscheiden wird allerdings nicht bedauert. Auch ein Dank fehlt, was angesichts der attestierten Leistungen nicht überrascht.

Fazit:

Die Leistungen des Buchhalters wurden als nicht ausreichend angesehen. Sein persönliches Verhalten war ordnungsgemäß.

Leistungsbeurteilung: 4,5
Verhaltensbeurteilung: 3

Werbegrafiker

MUSTER CD-ROM

ZEUGNIS

Herr Peter Müller, geboren am 4. Oktober 1964 in Dortmund, trat am 1. Januar 2006 in unser Unternehmen ein und wurde in unserer Werbeabteilung als Werbegrafiker eingesetzt.

Sein Aufgabengebiet umfasste die Erstellung von Prospektseiten für unsere Werbemittel vom Entwurf bis zur Reinzeichnung.

Herr Müller hatte sich schnell in seinen Aufgabenbereich eingearbeitet und mit Engagement und guten neuen Ideen alle neuen Aufgaben innerhalb der vorgegebenen Konzeption sorgfältig und immer termingerecht stets zu unserer vollen Zufriedenheit bewältigt. Aufgrund der von ihm erbrachten Leistungen war er zur Beförderung zum Gruppenleiter vorgesehen.

Er ist bei Vorgesetzten und Kollegen anerkannt und geschätzt. Sein persönliches Verhalten war stets einwandfrei.

Herr Müller verlässt uns mit dem heutigen Tag auf eigenen Wunsch. Wir bedauern sein Ausscheiden sehr, danken ihm für seine Arbeit und wünschen ihm für die Zukunft weiterhin viel Erfolg und persönliche alles Gute.

Wuppertal, den 31. Juni 2008

gez. i. V. Heinz Strasser	gez. ppa. Paul Lehmbruch
– Werbeleiter –	– Personalleiter –

Beurteilung

Herr Müller war zwei Jahre als Grafiker mit der Erstellung von Prospektseiten für Werbemittel vom Entwurf bis zur Reinzeichnung befasst. Diese Aufgaben hat er mit guten neuen Ideen sehr sorgfältig und immer termingerecht stets zur vollen Zufriedenheit erledigt. Damit werden ihm uneingeschränkt gute Leistungen attestiert. Wichtige Leistungsmerkmale, die bei einem Werbegrafiker bedeutsam sind, beispielsweise Ideenreichtum oder Kreativität, Sorgfalt und zügige Arbeitsweise, werden positiv hervorgehoben. Auch sein persönliches Verhalten war stets einwandfrei und damit gut. Darüber hinaus ist er sowohl bei den Vorgesetzten als auch bei Kollegen anerkannt und geschätzt.

Aufgrund seiner guten Leistungen und seines guten Verhaltens war er zur Beförderung vorgesehen. Bevor diese Beförderung umgesetzt wurde, kündigte Herr Müller jedoch das Arbeitsverhältnis. Dies wurde von seinem Arbeitgeber bedauert. Ihm wird für seine Arbeit gedankt und weiterhin viel Erfolg gewünscht.

Fazit

Das Zeugnis ist in sich stimmig und in allen Beurteilungspunkten weit über dem Durchschnitt. Der insgesamt sehr positive Eindruck wird daher durch die etwas passive Formulierung in der Einleitung („wurde ... eingesetzt") nicht erschüttert.

Note: 1,5

Elektromonteur

ZEUGNIS

Herr Peter Müller, geboren am 13. Oktober 1972 in Stuttgart, trat am 25. September 2004 in die Montageabteilung unserer Zweigstellenniederlassung Mannheim als Elektromonteur ein.

Sein Einsatz erfolgte überwiegend bei der Installation von Licht- und Kraftanlagen, wobei er mit der Kabel- und Leitungsverlegung, der Kabelpritschenmontage, Leuchtmontage, Installationsgerätemontage sowie mit dem Aufstellen und Anschließen von Elektroverteilern aller Art befasst war.

Herr Müller erledigte die ihm übertragenen Aufgaben zu unserer Zufriedenheit.

Sein persönliches Verhalten war einwandfrei.

Herr Müller verlässt unser Unternehmen mit dem heutigen Tag.

Wir wünschen ihm für die Zukunft alles Gute.

Mannheim, den 31. Januar 2008

gez. i. V. Heinz Strasser – Montageleiter –

gez. i. V. Paul Birner – Personalleiter –

Beurteilung

Der Aufgabenbereich von Herrn Müller wird klar erläutert. In der Leistungsbeurteilung wird ihm lediglich bestätigt, dass er die übertragenen Aufgaben zur Zufriedenheit erledigte. Einzelne Leistungsmerkmale, beispielsweise zuverlässige, zügige oder rationelle Arbeitsweise, werden nicht angeführt. Die Leistungsbeurteilung ist damit unterdurchschnittlich.

Die Verhaltensbeurteilung „war einwandfrei" kann als befriedigend angesehen werden, wobei hierbei zu berücksichtigen ist, dass Mitarbeiter, die keine guten Leistungen erbracht haben, oft keine gute Verhaltensbeurteilung erhalten, auch wenn kein Fehlverhalten vorliegt. Das hängt damit zusammen, dass die Vorgesetzten mit Mitarbeitern, die nicht gut arbeiten, häufig unerfreuliche Gespräche führen müssen, was seinen Niederschlag in einer nicht guten Verhaltensbeurteilung findet, auch wenn an und für sich kein konkretes Fehlverhalten vorliegt.

Der unterdurchschnittlichen Leistungsbeurteilung entspricht die Schlussformulierung, wonach Herr Müller die Firma verlässt und ihm lediglich für die Zukunft alles Gute gewünscht wird. Aufgrund dieser Schlussformulierung muss davon ausgegangen werden, dass Herrn Müller das Arbeitsverhältnis wegen seiner schlechten Leistungen gekündigt wurde.

Leistungsbeurteilung: 4

Verhaltensbeurteilung: 3

Kraftfahrzeugelektriker

MUSTER CD-ROM

ZEUGNIS

Herr Peter Müller, geboren am 25. November 1961 in Aalen, war vom 1. April 2002 bis zum 30. Juni 2008 in unserem Unternehmen als Kraftfahrzeugelektriker tätig.

Sein Aufgabenbereich umfasste die Durchführung aller elektrischen Wartungs- und Reparaturarbeiten an Kraftfahrzeugen, überwiegend der Marke Ford.

Herr Müller verfügt über gute Fachkenntnisse und zeigte Geschick bei der Bewältigung seiner Aufgaben. Er ist zu weitgehend selbstständiger Arbeitsweise fähig und bewältigte die ihm übertragenen Aufgaben zu unserer vollen Zufriedenheit.

Sein persönliches Verhalten zu Vorgesetzten und Kollegen war einwandfrei.

Herr Müller verlässt uns mit dem heutigen Tag auf eigenen Wunsch. Wir danken ihm für seine Tätigkeit und wünschen ihm für die Zukunft alles Gute.

Aalen, den 30. Juni 2008

gez. Heinz Birner

– Geschäftsführer –

Beurteilung

Herrn Müller werden gute Fachkenntnisse und eine geschickte Arbeitsweise attestiert. Darüber hinaus wird bescheinigt, dass er zu weitgehend selbstständiger Arbeitsweise fähig ist. Diese Befähigung stellt eine Einschränkung dar gegenüber einer möglichen Formulierung: „Herr Müller bewältigt seine Aufgaben selbstständig und sicher."

Mit dieser einschränkenden Formulierung kann angedeutet werden, dass er gerade nicht die selbstständige Arbeitsweise, die erforderlich wäre, zeigte, sondern häufig und unnötig Hilfe zur Bewältigung seiner Aufgaben beanspruchte. Dem entspricht die lediglich durchschnittliche zusammenfassende Leistungsbeurteilung „zur vollen Zufriedenheit".

Auch die Verhaltensbeurteilung ist nicht gut, sondern durchschnittlich. Es fehlt die Zeitangabe „stets".

Der nicht guten Leistungs- und Verhaltensbeurteilung entspricht die Schlussformulierung. Herr Müller verlässt das Unternehmen auf eigenen Wunsch. Dies wird nicht bedauert. Allerdings wird ihm für seine Tätigkeit gedankt und er erhält Zukunftswünsche, die allerdings nicht auf eine bisherige erfolgreiche Tätigkeit hindeuten.

Fazit

Durchschnittlicher Mitarbeiter, der seine Aufgaben mit gelegentlicher Hilfe seiner Vorgesetzten oder Kollegen erfüllt, allerdings nicht besonders schnell und rationell.

Note: 3

CNC-Dreher

MUSTER CD-ROM

ZEUGNIS

Herr Peter Müller, geboren am 28. Mai 1971 in Bad Segeberg, war vom 11. Dezember 2002 bis zum 31. Januar 2008 in unserem Betrieb als CNC-Dreher tätig.

Herr Müller war in unserer Fertigungsabteilung im Wechselschichtbetrieb mit der Herstellung von Kollektoren befasst. Er programmierte nach Zeichnung CNC-Drehmaschinen mit Einlegeautomaten und richtete sie ein. Außerdem war er mit der Störungsbeseitigung und der Durchführung von kleineren Reparaturen betraut und kontrollierte die gefertigten Drehteile der Schicht. Daneben war er mit der Herstellung von Werkzeugen an der manuellen Drehmaschine befasst und richtete die Fräsmaschine ein.

Herr Müller bewältigte seinen Arbeitsbereich selbstständig und sicher. Er zeichnete sich durch seine genaue Arbeitsweise aus. Mit seinen Leistungen waren wir jederzeit zufrieden. Sein Engagement entsprach unseren Erwartungen.

Das persönliche Verhalten von Herrn Müller war jederzeit einwandfrei.

Bei Kollegen ist er anerkannt.

Die konjunkturelle Entwicklung in unserem Industriebereich hat uns zu starken personellen Einschränkungen gezwungen. Herr Müller war bedauerlicherweise aufgrund seiner gegenüber anderen Mitarbeitern kürzeren Betriebszugehörigkeit einer der von der Sozialauswahl Betroffenen.

Wir bedauern, dass wir uns auf diesem Wege von Herrn Müller trennen müssen, bedanken uns für seine Tätigkeit und wünschen ihm für die Zukunft alles Gute.

Dortmund, den 31. Januar 2008

ppa. Heinz Birner — gez. ppa. Paul Lehmbruch

– Produktionsleiter — – Personalleiter –

Beurteilung

Der Aufgabenbereich von Herrn Müller wird stilistisch sicher und aussagekräftig erläutert. Seinen Arbeitsbereich beherrscht er selbstständig und sicher und zeichnet sich durch seine genaue Arbeitsweise aus. Diese Beurteilungen sind uneingeschränkt gut. Allerdings ist zusätzlich angegeben, dass sein Engagement den Erwartungen entsprach. Dies versteht man in der Regel so, dass es nicht zufrieden stellend war. Auch die zusammenfassende Leistungsbeurteilung lautet lediglich „jederzeit zufrieden“. Diese Beurteilung kann insgesamt so verstanden werden, dass Herr Müller selbstständig, zuverlässig und genau arbeitet, jedoch nicht engagiert und damit weitaus weniger, als von ihm erwartet, leistete. Dem entspricht auch die Verhaltensbeurteilung. Ihm wird zwar bestätigt, dass er sich jederzeit einwandfrei verhalten hat. Allerdings ist er nur bei Kollegen anerkannt und nicht bei Vorgesetzten.

Dem Hinweis auf die personellen Einschränkungen ist zu entnehmen, dass Herrn Müller betriebsbedingt gekündigt wurde. Das in der Schlussformulierung zum Ausdruck gekommene Bedauern, dass sich das Unternehmen auf diesem Weg von Herrn Müller trennen müsse, ist fragwürdig. Auffällig ist dabei die Formulierung „auf diesem Wege“. Offensichtlich wird nicht bedauert, dass Herr Müller das Unternehmen verlässt.

Fazit

Herr Müller ist ein Mitarbeiter, der alle Aufgaben selbstständig, zuverlässig und sicher bewältigt, allerdings das geforderte Arbeitstempo nicht erbringt und mit seinem unzureichenden Engagement möglicherweise die Arbeitsmoral seiner Kollegen beeinträchtigte. Er ist zwar bei seinen Kollegen anerkannt, nicht jedoch bei seinen Vorgesetzten.

Leistungsbeurteilung: **3,5, 4 oder 4,5**

(je nachdem, wie die betrieblichen Anforderungen an das Arbeitstempo sind)

Verhaltensbeurteilung: **3**

Kraftfahrzeugmechaniker

MUSTER CD-ROM

ZEUGNIS

Herr Peter Müller, geboren am 29. Juli 1964 in Offenburg, war vom 15. März 2000 bis zum 31. Juni 2008 als Kfz-Mechaniker bei uns tätig.

Unter der Leitung unseres Werkstattleiters hat Herr Müller alle vorkommenden Reparaturen und Wartungsarbeiten an Personenkraftwagen durchgeführt.

Herr Müller zeigte viel Geschick und war aufgrund seiner guten handwerklichen Kenntnisse allen Aufgaben gewachsen. Er arbeitete zügig und gewissenhaft und war stets beweglich, um neu auftauchende Fragen und Probleme zu lösen. Neuerungen gegenüber ist er aufgeschlossen. Herr Müller hat seine Aufgaben jederzeit zu unserer vollen Zufriedenheit erfüllt.

Die Führung von Herrn Müller gegenüber Vorgesetzten und Kollegen war stets einwandfrei. Sein Verhältnis zur Betriebsleitung und zu seinen Kollegen war erfreulich und gut.

Wir verlieren in Herrn Müller eine gute Stütze des Betriebs und bedauern sein Ausscheiden, das auf eigenen Wunsch erfolgt, sehr. Wir danken ihm für seine Mitarbeit und wünschen ihm für die Zukunft weiterhin Erfolg und persönlich alles Gute.

Villingen-Schwenningen, den 31. Juni 2008

gez. Heinz Strasser – Geschäftsführer –

gez. i. V. Paul Birner – Werkstattleiter –

Beurteilung

Herrn Müller wird bescheinigt, dass er viel Geschick zeigte, aufgrund seiner guten handwerklichen Kenntnisse allen Aufgaben gewachsen war und dass er zügig und gewissenhaft arbeitete. Darüber hinaus wird ihm bestätigt, dass er stets beweglich war, um neu auftauchende Fragen und Probleme zu lösen, und Neuerungen gegenüber aufgeschlossen. Diese Formulierung ist interpretationsbedürftig. Es könnte bedeuten, er konnte aufgrund seiner Flexibilität neu auftauchende Fragen und Probleme lösen, aber auch, dass er zwar flexibel war und neue Ideen bei auftauchenden Fragen und Problemen hatte, diese jedoch nicht zur Lösung führten. Aufgrund der ansonsten guten Beurteilung und der zusammenfassenden guten Leistungsbeurteilung kann jedoch angenommen werden, dass es sich um eine unglückliche Formulierung handelt, zumal nicht von jedem Werkstattinhaber oder -leiter alle Nuancen der Zeugnissprache erwartet werden dürfen.

Die Verhaltensbeurteilung ist uneingeschränkt gut und überdurchschnittlich.

Auch die Schlussformulierung ist überdurchschnittlich. Herrn Müllers Ausscheiden wird nicht nur bedauert, er wird vielmehr als Stütze des Betriebs bezeichnet. Außerdem wird ihm auch weiterhin Erfolg gewünscht.

Fazit

Trotz der verunglückten Formulierung „stets beweglich, um neu auftauchende Fragen und Probleme zu lösen“ und der als „Geheimcode“ interpretierbaren Wendung „Neuerungen gegenüber ist er aufgeschlossen“ (vgl. S. 50 f.), auf deren Änderung Herr Müller bestehen sollte, handelt es sich um eine überdurchschnittliche Leistungs- und Verhaltensbeurteilung mit der Gesamtnote gut bis sehr gut.

Note: 1,5

Kundendienstmonteur

MUSTER CD-ROM

ZEUGNIS

Herr Peter Müller war in der Zeit vom 1. September 2002 bis zum 31. Juni 2008 in unserem Unternehmen als Elektromonteur tätig.

Er war im Wesentlichen im Kundendienst eingesetzt. Hierbei war ihm die Bearbeitung der allgemeinen Beleuchtungs- und Haustechnik übertragen. Außerdem war er mit der Sanierung von Elektroanlagen in Altbauten sowie der Reparatur von Zähleranlagen befasst.

Herr Müller arbeitete selbstständig und gewissenhaft. Er verfügt über gute Fachkenntnisse. Hervorzuheben ist seine zuverlässige und rationelle Arbeitsweise.

Seinen Aufgabenbereich bewältigte er jederzeit zu unserer vollen Zufriedenheit.

Sein persönliches Verhalten war stets einwandfrei. Sowohl in unserem Hause als auch bei unseren Kunden ist er anerkannt und geschätzt.

Das Arbeitsverhältnis von Herrn Müller endet zum 31. Juni 2008 aus betrieblichen Gründen. Wir bedauern dies sehr, danken Herrn Müller für seine guten Leistungen und wünschen ihm beruflich weiterhin viel Erfolg und persönlich alles Gute.

Dresden, den 31. Juni 2008

H. Birner

– Geschäftsführer –

Beurteilung

Der Aufgabenbereich von Herrn Müller beschränkt sich im Wesentlichen auf die Arbeiten als Elektromonteur im Kundendienst. Daneben war er mit der Sanierung von Elektroanlagen in Altbauten sowie der Reparatur von Zähleranlagen befasst. Diesen eingeschränkten Aufgabenbereich bearbeitete Herr Müller selbstständig und gewissenhaft. Bestätigt werden ihm gute Fachkenntnisse sowie eine zuverlässige und rationelle Arbeitsweise. Seine Leistungen werden danach für diesen Aufgabenbereich uneingeschränkt als gut beurteilt. Auch sein persönliches Verhalten ist uneingeschränkt gut.

Dieser guten Leistungs- und Verhaltensbeurteilung entspricht die Schlussformulierung, indem die Beendigung des Arbeitsverhältnisses sehr bedauert wird und Herrn Müller für seine guten Leistungen gedankt und für die Zukunft weiterhin viel Erfolg gewünscht wird.

Fazit

Guter Mitarbeiter, dem aus betrieblichen Gründen leider gekündigt werden musste.

Note: 2

Bauzeichnerin

MUSTER CD-ROM

ZWISCHENZEUGNIS

Frau Barbara Meier ist seit dem 01. März 2003 als Bauzeichnerin in meinem Architekturbüro tätig.

Frau Meier ist mit der Durchführung planerischer Arbeiten wie Entwurfsplanung, Eingabeplanung mit Antragsformularen, Werks- und Detailplanung für Ein- und Mehrfamilienwohnhäuser und Geschäftshäuser befasst. Daneben sind ihr die selbstständige Aufmaßnahme sowie die Geländenivellierung übertragen. Die Entwurfs- und Eingabeplanung mit Antragsformularen sowie die Werks- und Detailplanung für Ein- und Zweifamilienhäuser einschließlich der Bauherrenbesprechung führt sie nach Anweisungen eigenständig aus.

Frau Meier arbeitet zuverlässig und genau und bewältigt ihren Aufgabenbereich sicher. Die ihr übertragenen Aufgaben erfüllt sie stets zu meiner vollen Zufriedenheit.

Ihr persönliches Verhalten ist jederzeit einwandfrei.

Dieses Zwischenzeugnis wird auf Wunsch von Frau Meier erstellt.

1. Februar 2008 gez. Heinz Birner

Freier Architekt

Beurteilung

Der Aufgabenbereich von Frau Meier ist umfassend und verantwortungsvoll. Ihr wird bestätigt, dass sie Planungen sowie Bauherrenbesprechungen nach Anweisungen eigenständig durchführt. Dies deutet darauf hin, dass sie zuverlässig und gut arbeitet, was Frau Meier in der Leistungsbeurteilung auch uneingeschränkt bestätig wird.

Auch die Verhaltensbeurteilung ist uneingeschränkt gut.

Auch wenn das Zeugnis knapp formuliert wurde, sind keinerlei Einschränkungen enthalten, so dass davon ausgegangen werden kann, dass Frau Meier eine uneingeschränkt gute Mitarbeiterin ist.

Fazit

Gute Mitarbeiterin mit guter Leistungs- und Verhaltensbeurteilung, die in der Lage ist, Planungen nach Anweisungen selbstständig durchzuführen und Bauherrenbesprechungen aufgrund vorheriger Anweisungen eigenständig zu bewältigen.

Note: 2

Arzthelferin

MUSTER CD-ROM

ZEUGNIS

Frau Barbara Meier, geboren am 29. März 19750, war vom 1. Juni 2000 bis zum 29. Februar 2008 in meiner Praxis für Allgemein-, Sport- und Kurmedizin als Arzthelferin tätig.

Ihr Aufgabenbereich umfasste im Wesentlichen:
- Organisation des Praxisablaufs
- Kasse-, BG-, Kur- und Privatabrechnungen
- Anwendung des EDV-Programms MEDYS 8 mit Softwarepflege
- Blutentnahmen und Laborarbeiten (kleines Labor), i.m.-s.c.-Injektionen
- Mitwirkung bei diagnostischen und therapeutischen Maßnahmen des Arztes (kleine Chirurgie)
- Anwendung und Pflege medizinischer Geräte und Instrumente (EKG, Reizstrom, Lufu)
- Verbände (Tape, Gips, Zinkleim, Kompression)

Frau Meier ist eine außergewöhnlich belastbare Mitarbeiterin, die durch ihre freundliche und zielbewusste Art den Praxisablauf auch bei starkem Arbeitsanfall optimal organisierte.

Sie besitzt ein umfassendes Fachwissen und arbeitet gewissenhaft, sicher und genau. Sie beherrscht Blutentnahmen, Injektionen, allgemeine Wundpflege, Verbände wie Tape, Gips, Zinkleim und Kompression und versteht es gut, ihr Fachwissen Auszubildenden zu vermitteln. Ihren Aufgabenbereich bewältigte Frau Meier stets zu meiner vollen Zufriedenheit.

Ihr persönliches Verhalten war jederzeit einwandfrei. Frau Meier ist hilfsbereit, zuvorkommend und aufgeschlossen und allseits anerkannt und geschätzt.

Frau Meier verlässt meine Praxis auf eigenen Wunsch. Ich bedauere ihr Ausscheiden, danke für ihre Tätigkeit und wünsche ihr weiterhin viel Erfolg und persönlich alles Gute.

Pirmasens, den 29. Februar 2008

gez. Dr. Heinz Birner

Beurteilung

Der Aufgabenbereich von Frau Meier wird klar beschrieben. Außer mit der Organisation des Praxisablaufs war Frau Meier mit zahlreichen Arzthelfertätigkeiten befasst und wirkte auch bei diagnostischen und therapeutischen Maßnahmen des Arztes, die als kleine Chirurgie bezeichnet werden, mit.

Es kann danach davon ausgegangen werden, dass Frau Meier mit allen in einer Allgemeinpraxis anfallenden Arzthelferaufgaben vertraut ist.

In der Leistungsbeurteilung wird Frau Meier nicht nur bestätigt, dass sie eine außergewöhnlich belastbare Mitarbeiterin ist, die den Praxisablauf auch bei starkem Arbeitsanfall optimal organisierte. Ihr wird darüber hinaus ein umfassendes Fachwissen und gewissenhafte, sichere und genaue Arbeitsweise attestiert. Die Bewältigung des Aufgabenbereichs erfolgte stets zur vollen Zufriedenheit.

Dies lässt darauf schließen, dass Frau Meier überdurchschnittliche Leistungen erbrachte.

Ihr persönliches Verhalten wird als jederzeit einwandfrei bezeichnet mit der Ergänzung, dass sie hilfsbereit, zuvorkommend, aufgeschlossen und allseits anerkannt und geschätzt ist. Die Verhaltensbeurteilung ist danach ebenfalls überdurchschnittlich gut.

Auch die Schlussformulierung deutet auf eine überdurchschnittlich gute Mitarbeiterin hin. Das Ausscheiden wird bedauert, Frau Meier wird für die Tätigkeit gedankt und ihr wird weiterhin viel Erfolg gewünscht.

Fazit

Überdurchschnittliche Leistungs- und Verhaltensbeurteilung und überdurchschnittlich gute Schlussformulierung.

Note: 1–2

Regelungstechniker

MUSTER CD-ROM

ZEUGNIS

Herr Peter Müller, geboren am 28. Dezember 1965 in Lörrach, war in der Zeit vom 1. Juli 1998 bis zum 31. Juni 2008 als Regelungstechniker in unserem Hause tätig.

Sein Aufgabenbereich umfasste die selbstständige Erarbeitung von Schaltplänen für die Regelung und Steuerung über das Erstellen von Funktionsbeschreibungen und Ausschreibungsunterlagen für den Bereich Heizung und Lüftung. Im Einzelnen war er mit folgenden Aufgaben befasst:

- Erstellen von Schaltplänen mit Schaltplansoftware EPLAN 4.10,
- Prüfen von Schaltplänen für Brennersteuerungen, Kälteanlagen und Sanitäranlagen,
- Überprüfung von Motordatenblättern, Pumpendatenblättern, Schaltschranktüransichten- und Montageplattenzeichnungen sowie Gerätestücklisten,
- Rechnungsprüfung und Überprüfung von Aufmaßlisten,
- Funktionsüberprüfung und Abnahme der Anlagen sowie
- Erstellung von Revisionsunterlagen.

Herr Müller verfügt über umfassende Fachkenntnisse und arbeitete selbstständig, zuverlässig und zielorientiert. Er beherrschte seinen Arbeitsbereich und überzeugte durch seine exakte, rationelle und jeweils termingerechte Arbeitsweise. Seinen Aufgabenbereich bewältigte Herr Müller jederzeit zu unserer vollen Zufriedenheit.

Sein persönliches Verhalten war stets einwandfrei. Sowohl in unserem Hause als auch bei unseren Kunden ist Herr Müller anerkannt und geschätzt und genießt großes Vertrauen und Ansehen.

Wegen der schwierigen Auftragslage im Baugewerbe endete das Arbeitsverhältnis von Herrn Müller aus betrieblichen Gründen. Wir bedauern diese Entwicklung sehr, da wir mit Herrn Müller einen guten Mitarbeiter verlieren. Wir wünschen Herrn Müller für die Zukunft weiterhin viel Erfolg und persönlich alles Gute.

Freiburg, den 31. Juni 2008 Planungsbüro H. Birner und Partner

Heinz Birner

Beurteilung

Der Aufgabenbereich von Herrn Müller umfasste die selbstständige Erarbeitung von Schaltplänen mit im Einzelnen beschriebenen Aufgaben. Herrn Müller werden umfassende Fachkenntnisse attestiert und eine selbstständige, zuverlässige und zielorientierte Arbeitsweise, wobei er seinen Arbeitsbereich beherrschte und durch exakte, rationelle und termingerechte Arbeitsweise überzeugte. Einschränkungen finden sich nicht. Die Leistungsbeurteilung ist damit überdurchschnittlich gut.

Auch die Verhaltensbeurteilung ist überdurchschnittlich gut. Außer dem persönlich stets einwandfreien Verhalten wird bestätigt, dass Herr Müller anerkannt und geschätzt ist und großes Vertrauen und Ansehen genießt.

Dem entspricht die überdurchschnittlich gute Schlussformulierung, in der das Bedauern über die Auftragslage ausgedrückt wird, verbunden mit dem Hinweis, dass wir mit Herrn Müller einen guten Mitarbeiter verlieren. Außerdem wird ihm weiterhin viel Erfolg gewünscht.

Fazit

Überdurchschnittlich guter Mitarbeiter, der aufgrund fehlender Aufträge leider nicht weiterbeschäftigt werden kann.

Note: 1,5

Werkstattmeister

MUSTER CD-ROM

ZEUGNIS

Herr Peter Müller, geboren am 7. Juni 1971 in Nordrach, war in der Zeit vom 1. Januar 2003 bis zum 30. Juni 2008 in unserer Schreinerei tätig.

Er war als Werkstattmeister mit der Leitung unserer aus bis zu 23 Mitarbeitern bestehenden Abteilung „Montage, Service und Kundendienst" befasst. Sein Aufgabenbereich umfasste die Planung, Durchführung und Kontrolle sämtlicher Montageeinsätze mit folgenden Schwerpunkten:

- Planung des Personaleinsatzes für die Montage nach Absprache mit der Kundschaft,
- Einteilung der Montagemitarbeiter,
- Koordination der Service- und Kundendiensteinsätze.

Herr Müller arbeitete jederzeit zuverlässig und genau. Er zeigte Eigeninitiative und verfügt über gute Fachkenntnisse. Bei seinen Mitarbeitern ist Herr Müller geschätzt. Den ihm übertragenen Aufgabenbereich erfüllte Herr Müller zu unserer vollen Zufriedenheit.

Sein persönliches Verhalten war jederzeit einwandfrei.

Aus betrieblichen Gründen endet das Arbeitsverhältnis am 30. Juni 2008. Wir bedauern diese Entwicklung und wünschen Herrn Müller für die Zukunft alles Gute.

Freiburg, den 30. Juni 2008

Heinz Birner

– Geschäftsführer –

Beurteilung

Herrn Müller werden zuverlässige und genaue Arbeitsweise sowie gute Fachkenntnisse bescheinigt. Außerdem wird darauf hingewiesen, dass er Eigeninitiative zeigte und bei Mitarbeitern geschätzt war und den Aufgabenbereich zur vollen Zufriedenheit erfüllte. Dies deutet darauf hin, dass Herr Müller ohne viel Eigeninitiative zuverlässig und genau mit guten Fachkenntnissen arbeitete. Möglicherweise fehlten ihm jedoch Kreativität oder Dynamik, um auch von Vorgesetzten geschätzt zu werden und die Aufgaben stets zur vollen Zufriedenheit zu bewältigen oder seinen Aufgabenbereich zu beherrschen. Die Leistungsbeurteilung ist durchschnittlich.

In der Verhaltensbeurteilung wird jederzeit einwandfreies Verhalten bescheinigt. Ein Fehlverhalten liegt somit nicht vor.

In der Schlussformulierung wird zwar die Entwicklung, dass das Arbeitsverhältnis aus betrieblichen Gründen endet, bedauert. Herrn Müller wird für seine Arbeit jedoch nicht gedankt. Außerdem wird ihm nicht bestätigt, dass er bisher viel Erfolg hatte. Ihm wird lediglich für die Zukunft alles Gute gewünscht. Dies deutet darauf hin, dass die betrieblichen Gründe nicht ungern zum Anlass genommen wurden, das Arbeitsverhältnis von Herrn Müller zu beenden.

Fazit

Durchschnittlicher Mitarbeiter, der seine Aufgaben ordnungsgemäß erfüllte, allerdings ohne viel Eigeninitiative und ohne die Fähigkeit, schnell auf neue Situationen zu reagieren. Herr Müller zeichnet sich durch eine eher bürokratische als ideenreiche Aufgabenerfüllung aus und wird zwar von Mitarbeitern, aber weniger von Vorgesetzten geschätzt, obwohl sein persönliches Verhalten jederzeit einwandfrei war.

Note: 3

Steuerberater

MUSTER CD-ROM

ZEUGNIS

Herr Peter Müller, geboren am 16. Juni 1975, war in der Zeit vom 1. Oktober 2003 bis zum 31. Juli 2008 in unserer Kanzlei als Steuerberater tätig.

Sein Aufgabenbereich umfasste die steuerrechtliche und wirtschaftliche Beratung, die Jahresabschlusserstellung, die Anfertigung von Steuererklärungen und die Prüfung von Steuerbescheiden sowie die Bearbeitung außergerichtlicher Rechtsbehelfe.

Im Rahmen der Beratung war Herr Müller mit der steuerlichen und wirtschaftlichen Optimierung von Unternehmensaktivitäten, mit der betriebswirtschaftlichen Beurteilung von Investitionen und mit der Beurteilung der wirtschaftlichen Lage von Unternehmen befasst. Er bearbeitete auch Fragen der grenzüberschreitenden Unternehmensstruktur, der Gestaltung grenzüberschreitender Liefer- und Leistungsbeziehungen sowie des Umwandlungssteuerrechts und erstellte Steuerbelastungsvergleiche.

Die Erstellung von Jahresabschlüssen bezog sich auf Unternehmen der unterschiedlichsten Branchen und Rechtsformen. Neben den regelmäßigen Jahresabschlüssen hat Herr Müller auch Schlussbilanzen bei Unternehmensumwandlungen erstellt. Außerdem hat er in allen Steuergebieten Steuererklärungen aufbereitet und gefertigt sowie die Einkunftsermittlung durchgeführt.

Herr Müller verfügt über gute steuerrechtliche und betriebswirtschaftliche Fachkenntnisse. Hervorzuheben ist seine Fähigkeit zu analytischem Denken sowie seine verantwortungsbewusste, fundierte und gewissenhafte Arbeitsweise. Er besitzt gute PC-Kenntnisse und arbeitete sich schnell in die DATEV-Anwendungsprogramme ein. Seinen Aufgabenbereich bewältigte Herr Müller selbstständig und zuverlässig stets zu unserer vollen Zufriedenheit.

Sein persönliches Verhalten war jederzeit einwandfrei. Herr Müller ist in unserem Hause und bei unseren Mandanten anerkannt und geschätzt.

Herr Müller verlässt unser Unternehmen zum 31. Juli 2008, da ihm unsere Sozietät die von ihm gewünschten Entwicklungsmöglichkeiten nicht bietet. Wir danken ihm für seine Tätigkeit in unserem Hause und wünschen ihm weiterhin viel Erfolg und persönlich alles Gute.

Dortmund, den 31. Juli 2008

gez. Heinz Birner, Steuerberater

Beurteilung

Der Aufgabenbereich von Herrn Müller wird umfassend beschrieben. Außer den rein steuerrechtlichen Fragen ist er auch mit der wirtschaftlichen Optimierung von Unternehmensaktivitäten und der betriebswirtschaftlichen Beurteilung von Investitionen und der wirtschaftlichen Lage befasst. Dies lässt darauf schließen, dass Herr Müller über gute steuerrechtliche und wirtschaftliche Kenntnisse und Beurteilungsfähigkeiten verfügt und verantwortungsbewusst und zuverlässig arbeitet. Dies wird in der fundierten Leistungsbeurteilung bestätigt, so dass von einem überdurchschnittlich guten Mitarbeiter ausgegangen werden kann.

Auch die Verhaltensbeurteilung ist überdurchschnittlich. Herr Müller ist im Hause und bei den Mandanten anerkannt und geschätzt.

Die überdurchschnittliche Leistungs- und Verhaltensbeurteilung werden durch die gute Schlussformulierung ergänzt, in der ihm für die Tätigkeit gedankt und weiterhin viel Erfolg und persönlich alles Gute gewünscht wird.

Fazit

Überdurchschnittlich guter Mitarbeiter.

Note: 1–2

Zahntechnikerin

MUSTER CD-ROM

ZEUGNIS

Frau Barbara Meier, geboren am 15. Mai 1976, war vom 1. Juni 2001 bis zum 31. Januar 2008 in unserem Betrieb als Zahntechnikerin beschäftigt.

Frau Meier war in unserer Abteilung für Verblendung tätig. Ihr Aufgabengebiet umfasste die Herstellung von Keramik- und Kunststoffverblendungen im Front- und Seitenzahnbereich, auch nach individueller Farbnahme am Patienten. Außerdem fertigte sie Verblendungen in der Kronen- und Brückentechnik sowie an Kombinationsarbeiten und Implantat-Suprakonstruktionen.

Alle ihr übertragenen Aufgaben führte Frau Meier sorgfältig und zu unserer vollen Zufriedenheit aus.

Durch ihre angenehme Art und ihr korrektes Verhalten war sie im Kreise ihrer Kollegen und Vorgesetzen beliebt und geschätzt.

Zu unserem Bedauern mussten wir aus betrieblichen Gründen das bestehende Arbeitsverhältnis auflösen. Wir bedanken uns für die gute Zusammenarbeit und wünschen Frau Meier für ihre berufliche und private Zukunft alles Gute und viel Erfolg.

Ravensburg, den 31. Januar 2008

Heinz Birner

– Geschäftsführer –

Beurteilung

Der Aufgabenbereich von Frau Meier wird klar beschrieben. In der Leistungsbeurteilung ist angegeben, dass sie sorgfältig und zur vollen Zufriedenheit arbeitet. Es fehlt das Zeitwort „stets". Dies deutet darauf hin, dass Frau Meier zwar sorgfältig, aber nicht immer zügig arbeitete. Dementsprechend erhielt sie für ihre Leistungen eine durchschnittliche Beurteilung.

In der Verhaltensbeurteilung werden ihre angenehme Art und ihr korrektes Verhalten angeführt. Allerdings werden die Kollegen vor den Vorgesetzten genannt. Dies deutet darauf hin, insbesondere auch aufgrund der Formulierung „korrekt", dass das Verhalten gegenüber Vorgesetzten nicht immer gut war.

Beendet wurde das Arbeitsverhältnis auf Wunsch des Arbeitgebers aus betrieblichen Gründen. Gedankt wird für die gute Zusammenarbeit und es wird Frau Meier für die Zukunft viel Erfolg gewünscht. Ein Hinweis, dass Frau Meier bisher viel Erfolg hatte, ist dem Zeugnis nicht zu entnehmen. Der durchschnittlichen Leistungsbeurteilung entspricht damit ebenfalls die durchschnittliche Schlussformulierung.

Note: 3

Anwendungsberater

MUSTER

CD-ROM

ZEUGNIS

Herr Dipl.-Ing. (FH) Peter Müller, geboren am 12. Februar 1980 in Dortmund, war vom 1. April 2005 bis zum 31. August 2008 in unserem Unternehmen als Anwendungsberater tätig. Seine Aufgaben waren im Wesentlichen:

- Beratung und Unterstützung unserer Kunden in EDV-spezifischen Fragen mit den Schwerpunkten Vertriebsbereiche und Vertriebsanwendungen,
- Unterstützung des Projektleiters im Rahmen der Softwareeinführung im Neukundenfeld,
- Unterstützung beim Vertrieb unserer Standardsoftware durch Produktpräsentationen,
- Erarbeitung von Modifikationsanforderungen bei speziellen Kundenwünschen für die Programmierung sowie Angebotserstellung und Tests der Modifikationen,
- Planung und Durchführung von Kundenschulungen einschließlich Erstellung von Schulungsunterlagen und Ablaufdiagrammen,
- telefonische Kundenberatung bei Softwareproblemen einschließlich Koordination der Fehlerbehebung.

Herr Müller hat sich schnell in seinen Aufgabenbereich eingearbeitet und sich gute Kenntnisse über Vertriebsabwicklungssysteme sowie Moderations- und Präsentationstechniken angeeignet. Hervorzuheben sind seine schnelle Auffassungsgabe und sein überdurchschnittliches Engagement sowie seine zügige und zuverlässige Arbeitsweise. Seinen Aufgabenbereich bewältigte er jederzeit zu unserer vollen Zufriedenheit.

Sein persönliches Verhalten war stets einwandfrei.

Herr Müller scheidet auf eigenen Wunsch aus unserem Unternehmen aus, um eine neue Aufgabe in unserem Schwesterunternehmen zu übernehmen. Wir danken ihm für seine Tätigkeit und wünschen ihm weiterhin Erfolg und persönlich alles Gute.

Backnang, den 31. August 2008

ppa. Heinz Birner	ppa. Wolfgang Petersen
– Vertriebsleiter –	– Personalleiter –

Beurteilung

Es handelt sich um einen Mitarbeiter, der sich schnell einarbeitete und sich die erforderlichen Kenntnisse, über die er zuvor offenbar nicht vollständig verfügte, schnell aneignete. Attestiert werden ihm schnelle Auffassungsgabe, überdurchschnittliches Engagement und zügige und zuverlässige Arbeitsweise, d. h. gute Leistungen. Dem entspricht die zusammenfassende Leistungsbeurteilung. Auch die Verhaltensbeurteilung ist gut. Diese guten Beurteilungen werden durch die gute Schlussformulierung bekräftigt.

Fazit:

Guter Mitarbeiter, der zu einem Konzernunternehmen wechselt.

Note: 2

Versandleiter

MUSTER CD-ROM

ZEUGNIS

Herr Peter Müller, geboren am 6. August 1968, war vom 1. September 2001 bis zum 31. Juli 2008 als Versandleiter unseres Betriebs in Duisburg tätig.

Er war für die Organisation und Führung der Versandabteilung mit einem kaufmännischen und sieben gewerblichen Mitarbeitern verantwortlich.

Zu seinem Aufgabengebiet gehörte im Wesentlichen die Organisation des ordnungsgemäßen und zeitgerechten Versands der hergestellten Büromöbel.

Dies beinhaltete im Einzelnen:

- Lkw-Disposition
- Personaldisposition
- Koordination der Auslieferungstermine mit der Produktion und den Kunden
- Verhandlungen mit Frachtführern einschließlich Preisfestlegung und Auftragsvergabe
- Exportabwicklungen

Herr Müller ist ein zuverlässiger Mitarbeiter, der seine Aufgaben mit großem Engagement selbstständig und sicher stets zu unserer vollen Zufriedenheit bewältigte. Hervorzuheben sind seine systematische, sorgfältige und zügige Arbeitsweise. Herr Müller zeigte Eigeninitiative und überzeugte durch seine große Leistungsbereitschaft. Seine Mitarbeiter kann Herr Müller sicher einschätzen und sie zu guten Leistungen motivieren.

Das Verhalten von Herrn Müller war stets einwandfrei. Aufgrund seiner kooperativen und loyalen Art ist er ein geschätzter Mitarbeiter. Auch bei unseren Kunden ist er anerkannt und geschätzt.

Das Arbeitsverhältnis von Herrn Müller endet am 31. Juli 2008. Wir danken Herrn Müller für seine guten Leistungen und wünschen ihm weiterhin beruflichen Erfolg und persönlich alles Gute.

Duisburg, den 31. Juli 2008

ppa. Heinz Birner	ppa. Wolfgang Petersen
– Leitung Technik –	– Personalleiter –

Beurteilung

Uneingeschränkt guter Versandleiter mit guten Führungsfähigkeiten. Auch die Verhaltensbeurteilung ist gut. Allerdings fehlen in der Schlussformulierung die Bedauernsklausel und das Ausscheiden auf eigenen Wunsch. Dies deutet darauf hin, dass das Arbeitsverhältnis vom Arbeitgeber beendet wurde, ohne dass ein Fehlverhalten oder Leistungs- oder Verhaltensmängel des Versandleiters vorgelegen haben.

Note: 2

Masseur

MUSTER

CD-ROM

ZEUGNIS

Herr Peter Müller, geboren am 19. Juli 1978, war vom 1. Juli 2003 bis zum 30. Juni 2008 in unserem Hause in der Abteilung für physikalische Therapie/Krankengymnastik als Masseur/med. Bademeister tätig.

Herr Müller übte alle Tätigkeiten aus, die zum Berufsbild med. Bademeister/Masseur gehören:

Klassische Massage, Bindegewebsmassage, Extensionsmassage, Colonmassage, Unterwassermassage, Reflexzonentherapie, Akupressurbehandlung, medizinische Bäder und Packungen sowie Kältepackungen und Kältetherapie einschließlich Kryo-Jet (verdampfter Flüssigstickstoff), außerdem sämtliche elektrotherapeutischen Anwendungen von Reizstrom über Interferenzstrom bis Ultraschall und Hochfrequenzbehandlung, Stangenbäder, Inhalationen, Kneipp-Therapie und selektive UV-Therapie (SUP-Bestrahlung).

Die Behandlungsindikationen der Klinik sind Erkrankungen des rheumatischen Formenkreises mit entzündlichen und nichtentzündlichen Erkrankungen (Spondylarthritis ankylosans, chronische Polyarthritis, Arthropathia psoriatika, Wirbelsäulensyndrom, Zustand nach Bandscheiben-OP, Zustand nach Gelenkersatz, Arthrosen, Osteochondrosen, Unfallfolgen, Poliofolgen sowie andere neurologische Krankheitsbilder und die sonstigen Begleiterkrankungen).

Herr Müller übte seine Tätigkeit selbstständig und mit sehr großem Verantwortungsbewusstsein zu unserer vollsten Zufriedenheit aus. Mit großem Interesse nahm er an den klinikinternen Weiterbildungen und Fachbesprechungen einschließlich Therapiekonferenzen teil. Herr Müller war wegen seines ruhigen und dem Patienten zugewandten Wesens sowohl bei den Patienten als auch von seinen Vorgesetzten und den Mitarbeitern der Klinik sehr geschätzt.

Wir bedauern sehr, dass Herr Müller uns verlässt, und wünschen ihm für seinen weiteren persönlichen und beruflichen Lebensweg alles Gute.

Bad Krozingen, den 30. Juni 2008

Dr. med. Birner

– Chefarzt –

Beurteilung

Die Arbeiten von Herrn Müller als Masseur/med. Bademeister werden im Einzelnen in der Tätigkeitsbeschreibung genau dargelegt. Bestätigt wird Herrn Müller, dass er seine Tätigkeiten selbstständig mit sehr großem Verantwortungsbewusstsein zur vollsten Zufriedenheit ausführte. Die selbstständige Durchführung der Tätigkeiten als Masseur und med. Bademeister ist allerdings nicht außergewöhnlich, sondern eher selbstverständlich. Der Hinweis „mit sehr großem Verantwortungsbewusstsein" ist bei einem Masseur wenig aussagekräftig und deshalb nicht geeignet, als Beurteilung von besonderen Leistungen zu dienen. Auch der Hinweis, mit großem Interesse an Weiterbildungen teilgenommen zu haben, lässt ohne weitere Hinweise nicht darauf schließen, dass Herr Müller gut, zuverlässig und fachlich versiert arbeitete. Dem entspricht die zusammenfassende Leistungsbeurteilung „zur vollsten Zufriedenheit". Es fehlt das Zeitwort „stets", so dass entgegen dem ersten Anschein keine guten Leistungen bescheinigt werden sollten.

In der Verhaltensbeurteilung wird Herrn Müller attestiert, dass er sehr geschätzt war, allerdings werden zunächst die Patienten und erst danach die Vorgesetzten genannt, was darauf hindeutet, dass zumindest gegen Ende des Beschäftigungsverhältnisses Anlass für die Vorgesetzten bestand, die frühere Wertschätzung zu beschränken. Hierauf deutet auch die Formulierung „war" hin. Wenn Herr Müller bei der Abfassung des Zeugnisses am 30. Juni 2008 nur geschätzt war und nicht mehr ist, könnte die frühere Wertschätzung bereits verloren gegangen sein.

Auch die Schlussformulierung ist keineswegs überdurchschnittlich. Zwar wird bedauert, dass Herr Müller uns verlässt. Ihm wird allerdings nicht gedankt und es wird ihm auch nicht bestätigt, dass er bisher gute Leistungen erbrachte.

Fazit

Mitarbeiter mit eingeschränkt guten Leistungen und ordnungsgemäßem Verhalten, wobei möglicherweise allerdings Umstände aufgetreten sind, die die frühere berechtigte Wertschätzung durch die Vorgesetzten in Frage gestellt haben.

Note: 2–3

Speditionskauffrau

MUSTER CD-ROM

AUSBIDLDUNGSZEUGNIS

Frau Barbara Meier, geboren am 22. Oktober 1987, wurde vom 1. August 2005 bis zum 17. Januar 2008 zur Speditionskauffrau ausgebildet. Ihre Ausbildung erfolgte in unserem Unternehmen und zur Ergänzung bei der ASS Allround Spedition GmbH, unserem Ausbildungspartnerunternehmen.

Im Rahmen ihrer Ausbildung wurde Frau Meier mit den in der Spedition anfallenden kaufmännischen Tätigkeiten vertraut gemacht. Ihr Tätigkeitsbereich umfasste die einkommende und ausgehende Überseeschifffahrtfracht mit den damit zusammenhängenden Vor- und Nachläufen. Dies beinhaltete insbesondere:
- deutsche und englische Korrespondenz mit unseren Kunden,
- Erstellen von Angeboten in Deutsch und in Englisch,
- Frachtverhandlungen mit Reedern und Maklern einschließlich aller erforderlichen speditionellen Abwicklungen.

Frau Meier hat die ihr übertragenen Aufgaben mit großem Engagement ausgeführt und großes Interesse an ihrer Berufsausbildung gezeigt. Mit ihrer schnellen Auffassungsgabe und ihrem Fleiß arbeitete sie sich jeweils rasch in ihren Aufgabenbereich ein und zeichnete sich durch ihre umsichtige und zuverlässige Arbeitsweise aus. Frau Meier war eine engagierte Auszubildende, die über eine gute Auffassungsgabe verfügt. Sie zeigte großen Arbeitseinsatz und konnte speditionelle Aufgaben und komplexe Zusammenhänge schnell erfassen und verarbeiten.

Frau Meier hat ihre Berufsausbildung in unserem Betrieb mit überdurchschnittlich gutem Erfolg absolviert und ihre Aufgaben zuverlässig und stets zu unserer vollen Zufriedenheit bewältigt.

Ihr persönliches Verhalten war stets einwandfrei. Frau Meier ist eine geschätzte Mitarbeiterin, die sich durch ihre Leistungen und ihr Verhalten das Vertrauen ihres Vorgesetzten erworben hat.

Nach Bestehen ihrer Abschlussprüfung hat sich Frau Meier entschieden, in unserem Partnerschaftsbetrieb ihre Tätigkeit als ausgelernte Speditionskauffrau fortzusetzen. Wir wünschen Frau Meier für ihren weiteren Lebensweg weiterhin viel Erfolg und persönlich alles Gute.

Hamburg, den 17. Januar 2008

Mit freundlichen Grüßen

Birner

– Geschäftsführer –

Beurteilung

Weit überdurchschnittliche Auszubildende mit guten bis sehr guten einzelnen Leistungsbeurteilungen und überdurchschnittlicher Verhaltensbeurteilung. Diesen Leistungs- und Verhaltensbeurteilungen entspricht die Schlussformulierung.

Fazit

Überdurchschnittlich gute Auszubildende.

Gesamtnote: 1,5

Altenpflegerin

MUSTER CD-ROM

ZEUGNIS

Frau Barbara Meier, geboren am 28. März 1966, war in der Zeit vom 1. August 2005 bis zum 30. Juni 2008 als Altenpflegerin in unserem Seniorenheim in Bad Bellingen tätig.

Die Seniorenresidenz Bad Bellingen ist eine Senioreneinrichtung mit dem Angebot des betreuten Wohnens, der stationären Langzeitpflege, der Kurzzeitpflege und des ambulanten Dienstes, wobei die bewohnerorientierte und individuelle Versorgung und Pflege der Bewohner Inhalt und Teil unserer Konzeption ist.

Frau Meier war im stationären Pflegebereich eingesetzt. Dieser Pflegebereich ist in drei Wohn- bzw. Pflegegruppen aufgeteilt. Der Wohnbereich, in dem Frau Meier vorwiegend beschäftigt war, umfasst 24 Plätze. Die Bewohner sind nur teilweise selbstständig, zunehmend schwerstpflegebedürftig und desorientiert. Sie sind in der Pflegestufe 1 bis 3 eingestuft.

Frau Meier war für die grund- und behandlungspflegerische Versorgung der pflegebedürftigen Bewohner verantwortlich und übernahm schon nach kurzer Einarbeitungszeit selbstständig eine Bewohnergruppe und die Gesamtverantwortung des Wohnbereichs als Schichtleiterin. Ihr war die Verantwortung für die Durchführung einer guten Grund- und Behandlungspflege, der psychosozialen Betreuung und der korrekten Pflegedokumentation übertragen. Außerdem oblag ihr die Zusammenarbeit mit den behandelnden Ärzten sowie den Angehörigen.

Frau Meier bewältigte ihre Aufgaben sicher und selbstständig jederzeit zu unserer vollen Zufriedenheit. Sie verfügt über ein gutes Fachwissen und setzte es erfolgreich ein. Die Qualität ihrer Arbeit erfüllt hohe Ansprüche. Sie hat einen Blick für das Wesentliche, erkennt Veränderungen und schwierige Situationen schnell und reagierte auch in Problemfällen jederzeit adäquat und sachgemäß.

Ihr persönliches Verhalten war stets einwandfrei.

Das Arbeitsverhältnis endet auf eigenen Wunsch von Frau Meier am 30. Juni 2008. Wir bedauern ihre Entscheidung, danken ihr für ihre Tätigkeit in unserem Hause und wünschen ihr weiterhin viel Erfolg und persönlich alles Gute.

Bad Bellingen, den 30. Juni 2008

Heinz Birner (Hausleitung) Wolfgang Petersen (Geschäftsführer)

Beurteilung

Gute Leistungsbeurteilungen, in denen die relevanten Fähigkeiten einer Altenpflegerin gut und widerspruchsfrei beurteilt werden. Auch die zusammenfassende Leistungsbeurteilung ist, ebenso wie die Verhaltensbeurteilung und die Schlussformulierung, gut.

Note: 2

Angebotssachbearbeiterin

MUSTER CD-ROM

ZEUGNIS

Frau Barbara Meier, geb. am 24. Februar 1951, war vom 11. Februar 1981 bis zum 30. Juni 2008 in unserem Unternehmen in der Niederlassung Offenbach beschäftigt.

Sie war in der Angebotsabteilung eingesetzt und im Wesentlichen mit folgenden Aufgaben befasst:
- Preisanfragen bei Lieferanten,
- EDV-Erfassung von Leistungsverzeichnissen,
- Übertragung von Einstandspreisen und Zeitansätzen über die EDV in die Leistungsverzeichnisse,
- vorbereitende Tätigkeiten für die Auftragsübernahme,
- Schreiben von Blanketten auf der Basis der von unseren Ingenieuren erstellten technischen Planungen,
- Schreiben von Nachtragsangeboten,
- Korrespondenz im Zusammenhang mit Angeboten unter Anwendung unseres PC-Programms WORD.

Frau Meier arbeitete stets zuverlässig und gewissenhaft. Sie bewältigte ihre Aufgaben mit Geschick und stets zu unserer vollen Zufriedenheit.

Ihr persönliches Verhalten war jederzeit einwandfrei. Wir schätzen Frau Meier als Mitarbeiterin sehr.

Frau Meier verlässt unser Unternehmen auf eigenen Wunsch zum 30. Juni 2008. Wir danken ihr für ihre langjährige Arbeit in unserem Hause und wünschen ihr weiterhin viel Erfolg und persönlich alles Gute.

Offenbach, den 30. Juni 2008

Heinz Birner	Wolfgang Petersen
Personalleitung	Niederlassungsleiter Offenbach

Beurteilung

Es handelt sich um das Zeugnis einer Mitarbeiterin, die seit vielen Jahren einen überschaubaren, unveränderten Aufgabenkreis gut und sicher bewältigt. Ihre Leistungen bei der Durchführung dieser Arbeiten sind uneingeschränkt gut. Ob sie die Flexibilität besitzt, sich in andere Aufgaben schnell einzuarbeiten und sie gut zu bewältigen, ist offen. Auch vermittelt die etwas passive Formulierung „war ... beschäftigt“ in der Einleitung den Eindruck, als fehle es der Mitarbeiterin an Eigeninitiative und Engagement.

Die Verhaltensbeurteilung ist wiederum gut.

Bei der Schlussformulierung fällt auf, dass diese zwar die guten Bewertungen bestätigt, indem der Mitarbeiterin gedankt und weiterhin viel Erfolg gewünscht wird. Jedoch fehlt der Ausdruck des Bedauerns über das Ausscheiden. Dies legt den Schluss nahe, die Kündigung sei der Mitarbeiterin nahe gelegt oder zumindest von der Unternehmensleitung begrüßt worden, ohne dass ein Fehlverhalten vorgelegen hätte.

Fazit

Langjährig bewährte Mitarbeiterin ohne nachgewiesene Flexibilität und mit wenig Eigeninitiative. Uneingeschränkt zu empfehlen für den bisherigen Aufgabenkreis.

Note: 2

Verkäuferin Bürogeräte

MUSTER CD-ROM

ZEUGNIS

Frau Barbara Meier, geboren am 2. April 1967, war in der Zeit vom 1. Juli 1999 bis zum 31. August 2008 in unserem Betrieb tätig.

Ihr Aufgabenbereich umfasste im Wesentlichen
- Verkauf von Computer- und Büromaschinenzubehör, Papier-, Büro- und Schulbedarf, Geschenkartikel sowie Bastelbedarf
- Entgegennahme der Waren bei Anlieferung sowie Auszeichnung
- Regalpflege
- Dekoration
- Bedienung der Computerkasse
- Computerkassenabrechnung

Frau Meier hat sich schnell in ihren Aufgabenbereich eingearbeitet. Sie arbeitete zuverlässig und sorgfältig. Sie war stets freundlich, zuvorkommend, kundenorientiert und hilfsbereit. Ihre Aufgaben bewältigte sie jederzeit zu unserer vollen Zufriedenheit.

Ihr persönliches Verhalten war stets einwandfrei.

Das Arbeitsverhältnis von Frau Meier endet mit dem heutigen Tag. Ich danke Frau Meier für ihre Tätigkeit in meinem Betrieb und wünsche ihr persönlich alles Gute.

Dresden, den 31. August 2008

Heinz Birner

– Inhaber –

Beurteilung

Verkäuferin, der im Großen und Ganzen gute Leistungen attestiert werden, ohne Hinweis auf Erfolg bei den Kunden. Stattdessen wird überflüssigerweise die schnelle Einarbeitung erwähnt, die zwar vordergründig positiv scheint, aber angesichts des langjährigen Arbeitsverhältnisses keinen besonders guten Eindruck vermittelt: Nach dieser langen Zeit sollte der Vorgesetzte sich nicht mehr an die Einarbeitungsphase, sondern nur noch an seine Mitarbeiterin als kompetente Verkäuferin erinnern.
Die Verhaltensbeurteilung ist gut, besondere Anerkennung bei Kunden hat die Verkäuferin jedoch nicht gefunden, was als Hinweis verstanden werden kann, dass die Verkaufserfolge den Erwartungen nicht ganz entsprochen haben. Offensichtlich wurde das Arbeitsverhältnis auch vom Arbeitgeber gekündigt, da kein Ausscheiden auf eigenen Wunsch angegeben ist und das Bedauern fehlt.

Fazit

Trotz der eigentlich guten zusammenfassenden Leistungsbeurteilung nur eine durchschnittliche Mitarbeiterin mit gutem Verhalten, der gekündigt wurde, ohne dass betriebliche Gründe vorlagen.

Leistungsbeurteilung: 3

Verhaltensbeurteilung: 2

Kulturmanagerin

MUSTER CD-ROM

ZEUGNIS

Frau Barbara Meier, geboren am 20. Dezember 1975, war befristet vom 1. Juli 2005 bis zum 31. August 2008 in unserer Agentur tätig.

Sie war als Kulturmanagerin eingesetzt und mit dem Management und der Betreuung mehrerer Künstler aus dem Bereich Theater und Kleinkunst betraut. Dies beinhaltete im Wesentlichen: Auftragsakquisition, Tourneeplanung, Karriereplanung, Booking, Öffentlichkeits- und Pressearbeit, Gestaltung von Info-Mappen, Kalkulation, Angebotserstellung und Abrechnung.

Frau Meier hat sich schnell in ihren Aufgabenbereich eingearbeitet und bewältigte ihre Aufgaben stets zu meiner vollen Zufriedenheit. Sie arbeitete zuverlässig und gewissenhaft und ist in der Lage, auftretende Probleme zutreffend zu erfassen und schnell gute Lösungen zu finden. Hervorzuheben sind ihr Organisationsgeschick und ihre Kommunikationsfähigkeit, die sich auch im Umgang mit schwierigen Künstlern bewährte, sowie ihre guten englischen Sprachkenntnisse, die sie erfolgreich bei der Betreuung amerikanischer Künstler einsetzte.

Das persönliche Verhalten von Frau Meier war stets einwandfrei.

Wir danken Frau Meier für ihre Tätigkeit in unserer Agentur und wünschen ihr weiterhin viel Erfolg und persönlich alles Gute.

Heinz Birner 31. August 2008

Agenturleiter

Beurteilung

Befristet angestellte Mitarbeiterin, die sich schnell einarbeitete und ihre Aufgaben mit Organisationsgeschick zuverlässig bewältigte, bei Problemen gute Lösungen fand und über gute Kommunikationsfähigkeiten verfügt. Diesen guten Beurteilungen entspricht die zusammenfassende Leistungsbeurteilung. Auch die Verhaltensbeurteilung und die Schlussformulierung sind gut.

Note: 2

Sachbearbeiterin Vertriebsinnendienst

MUSTER

CD-ROM

ZEUGNIS

Frau Barbara Meier, geboren am 4. Oktober 1970, war seit dem 1. April 1997 als Sachbearbeiterin im Vertriebsinnendienst in unserem Unternehmen beschäftigt.

Das Aufgabengebiet als Sachbearbeiterin im Vertriebsinnendienst umfasste im Wesentlichen folgende Tätigkeiten:

- Telefonische Kunden- und Fachberatung sowie Bestellannahme
- Erfassen, Bearbeiten, Fakturieren und Registratur der telefonischen und schriftlichen Aufträge
- Erstellen der Exportpapiere
- Telefonische Kundenbetreuung

Frau Meier arbeitete sich rasch in ihr Aufgabenspektrum ein und erwarb umfassendes Produktwissen. Sie überblickte schwierige Zusammenhänge, erkannte das Wesentliche und war in der Lage, schnell Lösungen aufzuzeigen.

Wir haben Frau Meier als zielstrebige, aufgeschlossene und erfolgreiche Mitarbeiterin kennen und schätzen gelernt, die ihren Arbeitsbereich sicher beherrscht und Einsatzbereitschaft und Eigeninitiative zeigte.

Ihre Aufgaben bewältigte sie termingerecht, zuverlässig und gewissenhaft stets zu unserer vollen Zufriedenheit.

Ihr persönliches Verhalten gegenüber Vorgesetzten, Kunden und Kollegen war jederzeit einwandfrei.

Frau Meier scheidet mit dem heutigen Tage aus unserem Unternehmen aus. Wir danken ihr für ihre Arbeit und wünschen ihr für die Zukunft weiterhin Erfolg und persönlich alles Gute.

Freiburg, den 30. April 2008

Heinz Birner

Geschäftsführer

Beurteilung

Mitarbeiterin mit im Wesentlichen guter Leistungs- und guter Verhaltensbeurteilung. Der durch die eher passive Wendung „war ... beschäftigt" in der Einleitung vermittelte negative Eindruck vom Engagement der Sachbearbeiterin wird dadurch relativiert, dass ihr in der Leistungsbeurteilung immerhin bestätigt wird, sie habe Einsatzbereitschaft und Eigeninitiative gezeigt. Etwas eingeschränkt wirkt die ansonsten gute Leistungsbeurteilung durch die – nach einer derart langen Unternehmenszugehörigkeit deplatzierte – Erwähnung der Einarbeitung und die Formulierung „kennen gelernt als ...". Das sich hieraus ergebende Fragezeichen wird bestätigt durch die Schlussformulierung, aus der ersichtlich ist, dass Frau Meier nicht auf eigenen Wunsch ausschied. Allerdings wird ihr für ihre Tätigkeit gedankt und die Kündigung kann auf die nicht mehr stimmende „Chemie" zurückgeführt werden, ohne dass Leistungsmängel vorlagen.

Note: 2 (minus)

Restaurantfachfrau

MUSTER CD-ROM

ZEUGNIS

Frau Barbara Meier, geboren am 12. Januar 1978, wurde vom 1. Oktober 2006 bis zum 13. Juni 2008 in unserem Gasthof als Restaurantfachfrau beschäftigt.

Frau Meier war sowohl im Restaurantbetrieb mit angeschlossenem Festsaal als auch in unseren Gästezimmern mit Frühstücksservice eingesetzt. Sie war dabei im Wesentlichen für die folgenden Tätigkeiten vorgesehen:

- eigenständige Betreuung der Restaurantgäste im à la carte Bereich: Vorbereitung der Tische, Beratung (auch auf Englisch) bei der Bestellung, Weinempfehlung und Bedienung;
- Kassenabrechnung und Programmierung der Kasse entsprechend der Tageskarte;
- Eindecken und Ausrichten des Festsaals für Hochzeiten und Geburtstagsfeiern sowie Bankettservice;
- Richten der Gästezimmer und Frühstücksservice für unsere Übernachtungsgäste;
- Telefonservice bei Anfragen von Gästen, Entgegennahme von Reservierungen, Informationsgespräche mit Kunden über geplante Festveranstaltungen.

Frau Meier verfügt über das erforderliche Fachwissen und gute Englischkenntnisse. Sie war flexibel, pünktlich, fleißig und ehrlich und hat sich stets im Rahmen ihrer Fähigkeiten eingesetzt. Sie war bemüht, konzentriert und sorgfältig zu arbeiten. Dem üblichen Arbeitsanfall war sie gewachsen.

Sie hat die ihr übertragenen Aufgaben zur Zufriedenheit erfüllt.

Das persönliche Verhalten gegenüber Kollegen und Gästen war angemessen.

Frau Meier scheidet mit dem heutigen Tag aus unserem Betrieb aus. Wir wünschen ihr für die Zukunft viel Glück.

Heidelberg, den 18. Juli 2008

Heinz Birner

Geschäftsleitung

Beurteilung

Das vorstehende Zeugnis veranschaulicht den Einsatz des „Geheimcodes", also irreführender, positiv klingender Formulierungen, die das Zeugnis wohlwollend klingen lassen, obwohl der mitgeteilte Inhalt eine schlechte Bewertung für die Mitarbeiterin darstellt. Bereits die Wortwahl in der Einleitung (passive Wendungen) vermittelt einen negativen Eindruck vom Engagement der Restaurantfachfrau. Die Tätigkeitsbeschreibung wirkt zwar vielseitig, die einleitende Formulierung „war ... vorgesehen" signalisiert aber, dass Frau Meier dieses weite Aufgabengebiet nicht voll ausfüllte.
Diese Einschätzung bestätigt die Leistungsbeurteilung. Darin werden zahlreiche floskelhafte Merkmale aufgezählt, die nicht unbedingt von Relevanz für eine Restaurantfachfrau sind, während andere, wichtigere Eigenschaften nicht genannt oder schlecht bewertet sind. Einzig gut sind die Englischkenntnisse von Frau Meier. Im Übrigen besitzt sie nur das erforderliche Fachwissen und ist dem üblichen Arbeitsanfall gewachsen (Note „ausreichend"). Die scheinbar positive Formulierung „sie war bemüht" bedeutet in Wahrheit, dass Frau Meier in Bezug auf Konzentration und Sorgfalt mangelhaft arbeitete.
Zwar ist das Verhalten gegenüber Kollegen und Gästen angemessen (also wohl ausreichend), da der Vorgesetzte in dieser Aufzählung aber bewusst weggelassen wurde, muss man von einem erheblichen Fehlverhalten diesem gegenüber ausgehen. Hierfür spricht auch das ungewöhnliche Ende des Arbeitsverhältnisses (13. Juni und nicht, wie üblich, Monatsmitte oder -ende) und das erheblich verspätete Ausstelldatum (18. Juli). In der Schlussformulierung ist nicht angegeben, auf wessen Betreiben Frau Meier ausscheidet, auf die Bedauerns-/Dankesformel wurde verzichtet. Die Gesamtbewertung „mangelhaft" wird durch die Zukunftswünsche bestätigt, denen kein Hinweis auf den Erfolg der Mitarbeiterin zu entnehmen ist.

Fazit

Ein positiv klingendes, tatsächlich aber sehr schlechtes Zeugnis, aus dem herauszulesen ist, dass die Mitarbeiterin nicht nur mangelhaft arbeitete, sondern sich auch noch ein Fehlverhalten zu Schulden kommen ließ, weswegen ihr fristlos gekündigt wurde.

Leistungsbeurteilung: 4–5 **Verhaltensbeurteilung: 5**

Elektroingenieur

MUSTER

CD-ROM

ZEUGNIS

Herr Dipl.-Ing. Peter Müller, geboren am 15. Mai 1970, war in der Zeit vom 1. Januar 2004 bis zum 31. März 2008 in unserem Büro als Elektroingenieur in der Abteilung „Technische Gebäudeausrüstung" tätig.

Herr Müller arbeitete sich zunächst selbstständig in die Materie ein. Bereits nach sehr kurzer Einarbeitungszeit übernahm er die selbstständige Bearbeitung auch größerer Projekte. Hierbei oblagen ihm Entwurfsplanungen, Ausführungsplanungen, Bauüberwachung sowie Abrechnungen und Verhandlungen mit Bauherren, Architekten, Ingenieuren anderer Fachrichtungen, Handwerkern, Behörden und Ämtern. Im Wesentlichen waren ihm folgende Projekte übertragen:
- Bauüberwachung von Wohn- und Geschäftshäusern mit Solaranlagen
- Sanierung der Elektroanlage und Beleuchtung zweier Schulen mit Sporthalle
- Planung und Bauüberwachung einer Siedlung von Aktiv/Passiv-Wohnhäusern.

Herr Müller verfügt über gute elektrotechnische Fachkenntnisse, die er durch den regelmäßigen Besuch von Fortbildungen auf dem neuesten technischen Stand hielt und stets erfolgreich in der Praxis anzuwenden verstand. Er arbeitete gewissenhaft, sorgfältig, lösungsorientiert und rationell und hatte oft neue Ideen. Er bemühte sich, dabei auch wirtschaftliche Belange nicht unberücksichtigt zu lassen.

Seine Aufgaben bewältigte er zu unserer vollen Zufriedenheit.

Sein persönliches Verhalten war einwandfrei. Bei Vorgesetzten und Kollegen ist er ein angenehmer Mitarbeiter. Im Umgang mit Geschäftspartnern zeigte er eine erfrischende Offenheit.

Aus betriebsbedingten Gründen musste das Arbeitsverhältnis mit Herrn Müller mit dem heutigen Tag beendet werden. Wir danken ihm für seine Tätigkeit in unserem Hause und wünschen ihm für die Zukunft alles Gute.

Karlsruhe, den 31. März 2008

Heinz Birner

Geschäftsführer

Beurteilung

Der Tätigkeitsbereich ist detailliert geschildert, verantwortungsvoll und vielseitig. Es ist unüblich, die Einarbeitungszeit zu erwähnen, wenn das Arbeitsverhältnis schon länger angedauert hat. Da sich Herr Müller aber immer wieder in neue Projekte einarbeiten musste und dabei offenbar besonders schnell war, ist dies in diesem Fall nicht zu beanstanden.

Bei den einzelnen Leistungskriterien werden Herrn Müller fast alle für seinen Beruf wichtigen bescheinigt und zum Teil sogar ausdrücklich mit „gut" bewertet (Fachkenntnisse). Daher erstaunt es, dann als zusammenfassende Leistungsbeurteilung die Note „befriedigend" zu lesen. Dies ist wohl darauf zurückzuführen, dass Herr Müller bei der Bearbeitung seiner Projekte wirtschaftliche Belange meist aus den Augen verlor. Dies ergibt sich aus der euphemistischen Formulierung „bemühte sich ... nicht unberücksichtigt zu lassen". Für Herrn Müllers Arbeitgeber und dessen Auftraggeber sind wirtschaftliche Belange dagegen von großer Bedeutung.

Auch das Verhalten von Herrn Müller ist nicht perfekt. Gegenüber der zusammenfassenden Benotung „befriedigend" muss das Verhältnis zu Vorgesetzten und Kollegen sogar besser gewesen sein, da er von ihnen auch heute noch als angenehmer Mitarbeiter empfunden wird. Die Formulierung, dass Herr Müller im Umgang mit Geschäftspartnern eine erfrischende Offenheit zeigte, besagt demgegenüber als codierte Aussage, dass er diesen gegenüber vorlaut und mit übertriebenem Selbstbewusstsein auftrat. Das dürfte auch seinem Arbeitgeber geschadet haben, dessen Auftraggeber über dieses mangelhafte Benehmen verärgert waren. Dies erklärt auch die ungewöhnliche Schlussformulierung. Obwohl Herrn Müller aus betriebsbedingten Gründen (vielleicht, weil seine unwirtschaftlichen Projekte nicht mehr tragfähig waren) gekündigt wurde, bedauert man sein Ausscheiden nicht.

Fazit

Ein im Grunde nicht schlechter Mitarbeiter, der aber mangels Fähigkeit, wirtschaftlich zu denken und sich gegenüber Geschäftspartnern angemessen zu verhalten, ungeeignet ist.

Leistungsbeurteilung: 3

Verhaltensbeurteilung: 3–4

Pharmaberaterin

MUSTER CD-ROM

ZEUGNIS

Frau Barbara Meier, geboren am 10. November 1968, war vom 1. August 2002 bis zum 30. April 2008 in unserem Unternehmen als Pharmaberaterin für den Außendienst tätig.

Ihr Aufgabenbereich bestand im Wesentlichen darin, Praxisärzte unterschiedlicher Fachrichtungen im Bezirk Südhessen über unser Präparateprogramm zu informieren mit dem Ziel, Verordnungen zu etablieren und den Verordnungsgrad zu erweitern.

Darüber hinaus vertrat Frau Meier unser Unternehmen als Mitglied der Standbesetzung bei regionalen und überregionalen Fachkongressen.

Außerdem nahm Frau Meier an Fortbildungsveranstaltungen teil und erweiterte ihr medizinisches und verkäuferisches Fachwissen.

Frau Meier ist eine engagierte Mitarbeiterin, die es versteht, schnell neue Kontakte zu Ärzten aufzubauen und die bestehenden Kundenbeziehungen zu intensivieren, wodurch sie steigende Umsatzzahlen erreichte. Auch die Berichterstattung sowie alle übrigen administrativen Arbeiten wurden von Frau Meier immer sorgfältig und rationell erledigt.

Ihren Aufgabenbereich bewältige Frau Meier selbstständig, sicher und erfolgreich jederzeit zu unserer vollen Zufriedenheit.

Ihr persönliches Verhalten gegenüber Vorgesetzten, Kunden, Kollegen und Mitarbeitern war stets einwandfrei. Frau Meier ist aufgrund ihrer Fachkompetenz und ihrer aufgeschlossenen, kommunikativen Art bei allen anerkannt und geschätzt.

Frau Meier verlässt unser Unternehmen zum 30. April 2008 auf eigenen Wunsch. Wir bedauern ihre Entscheidung, bedanken uns für die für unser Unternehmen geleistete gute Arbeit und wünschen ihr weiterhin viel Erfolg und persönlich alles Gute.

Biberach an der Riß, den 30. April 2008

Heinz Birner	Wolfgang Petersen
- Verkaufsleiter-	- Personalleiter -

Beurteilung

Der vielseitige Aufgabenbereich von Frau Meier wird verständlich geschildert.
In der Leistungsbeurteilung sind nur wenige der gängigen Leistungskriterien genannt, aber doch diejenigen, die für den Beruf von Frau Meier relevant sind, wie insbesondere Engagement, Kontaktfähigkeit, Sorgfalt, rationelles Arbeiten. Außerdem bescheinigt man Frau Meier Erfolg. Als zusammenfassende Leistungsbeurteilung ergibt sich schlüssig die Note „gut".
Auch das Verhalten wird mit „gut" bewertet. Hierbei sind alle Personen in der richtigen Reihenfolge aufgezählt, mit denen Frau Meier in Kontakt kommt. Die gute Benotung erfährt noch eine Aufwertung durch den zusätzlich angefügten Satz über die Anerkennung und Wertschätzung, die Frau Meier aufgrund der ausdrücklich genannten persönlichen Eigenschaften genießt.
Abgerundet wird das positive Ergebnis durch eine passende Schlussformulierung.

Fazit

Ein in sich stimmiges gutes Zeugnis über eine gute Mitarbeiterin, die leider gekündigt hat.

Note: 2

Anzeigenleiter

MUSTER CD-ROM

ZWISCHENZEUGNIS

Herr Peter Müller, geboren am 12. Juli 1965, ist seit dem 1. Juni 2002 als Anzeigenleiter bei uns tätig.

Herr Müller berichtet direkt an die Geschäftsführung und leitet die Abteilungen Gestaltete Anzeigen, Grafik und Außendienst. In dieser Funktion sind ihm bis zu 20 Mitarbeiter unterstellt. Außerdem führt er die im Außendienst für unseren Verlag eingesetzten Handelsvertreter. Sein Aufgabenbereich umfasst im Wesentlichen:

- Organisation und Unterstützung des Außendienstes
- Betreuung der Key-Account-Kunden
- Marketing einschließlich Konkurrenzanalyse
- Koordination Innendienst - Außendienst
- Jahresplanung der Titel- und Sonderseiten

Herr Müller verfügt über sehr gute Vertriebskenntnisse und beherrscht alle Arbeitsabläufe der Anzeigenakquisition und deren technische und gestalterische Umsetzung. Er zeigt Eigeninitiative und großes Engagement und ist auch großem Arbeitsanfall durch seine rationelle, systematische Arbeitsweise stets gewachsen. Dabei zeichnet er sich durch Zuverlässigkeit, Gewissenhaftigkeit und besondere Kreativität aus. Er arbeitet selbstständig und sicher und erzielt immer Ergebnisse von hoher Qualität.

Seine Mitarbeiter kann er sicher einschätzen und zu guten Leistungen motivieren.

Er erfüllt die ihm übertragenen Aufgaben jederzeit zu unserer vollen Zufriedenheit.

Sein persönliches Verhalten ist stets einwandfrei. Herr Müller ist auch bei der Geschäftsführung, den Kunden und Mitarbeitern anerkannt und geschätzt.

Herr Müller erhält dieses Zwischenzeugnis in Anerkennung seiner guten Leistungen für unseren Verlag.

Frankfurt a. M., den 10. August 2008

Heinz Birner	Wolfgang Petersen
– Geschäftsführer –	– Personalleiter –

Beurteilung

Der Aufgabenbereich von Herrn Müller wird als verantwortungsvoll und vielseitig geschildert; die stichwortartige Aufzählung könnte dabei noch etwas detaillierter ausfallen, damit aus dem Zwischenzeugnis ersichtlich wird, welche genauen Tätigkeiten Herr Müller dabei verrichtet und welche Fähigkeiten er dadurch erworben hat.

In der Leistungsbeurteilung ist eine Vielzahl für einen Anzeigenleiter bedeutsamer Merkmale aufgezählt wie Kreativität und rationelles, gewissenhaftes Arbeiten. Auch die Führungsfähigkeit findet – in Herrn Müllers Position unverzichtbar – Erwähnung. Allerdings könnte sie noch ausführlicher und individueller beschrieben werden. Zudem fehlen einzelne wichtige Leistungsmerkmale wie die Auffassungsgabe und Problemlösefähigkeit sowie die Urteilsfähigkeit. Angesichts der langen Verlagszugehörigkeit und der verantwortungsvollen Position, die Herr Müller offenbar gut ausfüllte, sollte die Leistungsbeurteilung in manchen Punkten ein wortreicher formuliert und um die fehlenden Merkmale ergänzt werden.

Die zusammenfassende Leistungsbeurteilung enthält die Note „gut", was auch durch die Einzelbeurteilungen gestützt wird; Herrn Müllers Vertriebskenntnisse erhalten sogar die Note „sehr gut".

Das persönliche Verhalten wird ebenfalls mit „gut" benotet und durch einen gesondert angefügten Satz über Herrn Müllers Anerkennung und Wertschätzung unterstrichen. Dass hierbei nur Geschäftsführer, Kunden und (nachgeordnete) Mitarbeiter, nicht aber (gleichgeordnete) Kollegen erwähnt sind, ist eher auf ein Versehen zurückzuführen und kann angesichts des Wortes „auch" und des im Übrigen schlüssigen, guten Zeugnisses nicht so gedeutet werden, als habe es Probleme mit den Kollegen gegeben. Die Schlussformulierung bestätigt die gute Bewertung, wenngleich der für Zwischenzeugnisse übliche Dank für die bisherige und Wunsch nach weiterer vertrauensvoller Zusammenarbeit fehlt.

Fazit

Nach dem Zwischenzeugnis ist Herr Müller ein guter bis (bei den Vertriebskenntnissen) sehr guter Mitarbeiter. Das Zeugnis könnte allerdings in einigen Punkten noch erweitert und ausführlicher formuliert werden.

Note: 1–2

Abteilungsleiterin Heimtextilienverkauf

MUSTER CD-ROM

ZWISCHENZEUGNIS

Frau Barbara Meier ist nach Abschluss ihrer unternehmensinternen Traineeausbildung seit dem 15. April 2003 in unserer Niederlassung in Bayreuth als Abteilungsleiterin für den Bereich Heimtextilien tätig.

Ihr sind bis zu 10 Mitarbeiter unterstellt. Der Aufgabenbereich von Frau Meier umfasst im Wesentlichen:

- Sicherstellen einer bedarfsgerechten Sortimentspräsentation mit dem Ziel der Umsatz- und Bruttogewinnmaximierung;
- Steuerung des Verkaufs nach Umsatz-/Lager-/Bruttogewinnkriterien;
- frequenzorientierte Personaleinsatzplanung;
- Umsetzung von Aktivitäten aus der Planung von Fachbereich und Einrichtungshaus;
- Organisation von reibungslosen und effizienten Abläufen in der Abteilung.

Frau Meier verfügt über umfassende, vielseitige Fachkenntnisse und überzeugt durch ihre große Leistungsbereitschaft. Sie arbeitet stets äußerst zuverlässig, gewissenhaft und rationell. Hervorzuheben sind ihre kreativen neuen Ideen bei der bedarfsgerechten Sortimentspräsentation, mit welchen sie wesentliche Umsatzsteigerungen im Bereich Heimtextilien erreichte.

Frau Meier wird von ihren Mitarbeitern aufgrund ihres kooperativen, aber klaren und bestimmten Führungsstils, ihrer ansteckend dynamischen und zugleich persönlich fürsorglichen Art anerkannt und geschätzt. Sie versteht es, die Mitarbeiter sicher einzuschätzen, zu motivieren und mit ihnen durch konkrete Zielvorgaben sowie den jeweiligen Fähigkeiten angepasste Anleitung und Kontrolle stets sehr gute Leistungen zu erzielen.

Ihren vielseitigen Aufgabenbereich bewältigt Frau Meier immer selbstständig, sicher und erfolgreich stets zu unserer vollsten Zufriedenheit.

Ihr persönliches Verhalten ist jederzeit einwandfrei. Auch gegenüber Kunden verhält sich Frau Meier stets freundlich und zuvorkommend.

Wir erstellen dieses Zwischenzeugnis auf Wunsch von Frau Meier, die wegen Elternzeit eine einjährige berufliche Pause einlegen wird. Damit verbunden sind unser Dank und unsere Anerkennung für die sehr guten Leistungen von Frau Meier, die in kürzester Zeit erhebliche Umsatzsteigerungen in ihrem Verantwortungsbereich erreichte. Wir wünschen Frau Meier eine glückliche Geburt und Elternzeit und hoffen auf eine weiterhin erfolgreiche, vertrauensvolle Zusammenarbeit.

Bayreuth, im Mai 2008

Heinz Birner	Wolfgang Petersen
- Personalentwicklungschef -	- Niederlassungsleiter -

Beurteilung

In dem Zwischenzeugnis ist der verantwortungsvolle Aufgabenbereich von Frau Meier klar und verständlich ausgedrückt.
Bei der Leistungsbeurteilung werden wichtige einzelne Leistungsmerkmale genannt und teils ausdrücklich mit „sehr gut“ bewertet, teils sind sie aus dem Zusammenhang so zu deuten, beispielsweise wenn sie durch unterstreichende Formulierungen eingeleitet werden wie „überzeugt durch ...“ oder „hervorzuheben sind ...“. Zudem sind Frau Meiers Ideen bei der bedarfsgerechten Sortimentspräsentation und die hierdurch erzielten Umsatzsteigerungen als ein Beispiel ihres Erfolges ausdrücklich erwähnt. Die Führungsfähigkeit, die für Frau Meiers Position besonders wichtig ist, wird genau und individuell dargelegt.
In der zusammenfassenden Leistungsbeurteilung erhält Frau Meier die Bewertung „sehr gut“, die durch die einzelnen Leistungsmerkmale gestützt wird.
Das Verhalten von Frau Meier ist gut. Das bedeutet nicht, dass Frau Meier ein Fehlverhalten vorzuwerfen wäre; ein durchgängig sehr gutes Zeugnis hätte übertrieben und unglaubwürdig gewirkt. Gesonderte Erwähnung findet noch Frau Meiers freundliches und zuvorkommendes Verhalten gegenüber Kunden, was jedoch das Verhalten gegenüber den übrigen, nicht ausdrücklich genannten Beteiligten (Vorgesetzten, Kollegen, Mitarbeitern) nicht entwertet, da es mit dem Wort „auch“ eingeleitet wird.
Die Schlussformulierung rundet den positiven Eindruck ab. Hier wird nochmals ausdrücklich der Erfolg von Frau Meier genannt. Außerdem dankt man der Mitarbeiterin und hofft auf weitere vertrauensvolle Zusammenarbeit mit ihr. Um Spekulationen vorzubeugen, wird außerdem der Grund für die Ausstellung des Zwischenzeugnisses mitgeteilt. Übrigens darf der Arbeitgeber, wenn der Arbeitnehmer nicht – wie im vorliegenden Fall – damit einverstanden ist, die Elternzeit im Zeugnis nur erwähnen, sofern sich die dadurch bedingte berufliche Ausfallzeit als eine nach Lage und Dauer wesentliche tatsächliche Unterbrechung der Beschäftigung darstellt und wenn bei ihrer Nichterwähnung für Dritte der falsche Eindruck entstünde, die Beurteilung des Arbeitnehmers beruhe auf einer der Dauer des rechtlichen Bestandes des Arbeitsverhältnisses entsprechenden tat-

sächlichen Arbeitsleistung (Bundesarbeitsgericht, Urteil vom 10.05.2005, 9 AZR 261/04).

Fazit

Eine besonders gute Abteilungsleiterin, die sich das Unternehmen offensichtlich erhalten möchte, was durch die erkennbar wohlwollende Formulierung dieses Zwischenzeugnisses und in der Schlussformulierung zum Ausdruck kommt.

Leistungsbeurteilung: 1

Verhaltensbeurteilung: 2

Produktmanager

MUSTER CD-ROM

ZEUGNIS

Herr Peter Müller stand vom 1. Januar 2003 bis zum 30. Juni 2008 in den Diensten unserer Gesellschaft.

Er war zunächst als Junior-Produktmanager im Bereich Marketing-Management eingesetzt. Während seiner Tätigkeit als Junior-Produktmanager wurde sein Aufgabengebiet sukzessive erweitert und deckte schließlich den gesamten Verantwortungsbereich eines Produktmanagers ab. Es umfasste im Wesentlichen folgende Bereiche:

- Erarbeitung von Marktanalysen in Zusammenarbeit mit der Marketingforschung,
- Ausarbeitung kurz- und mittelfristiger Marketingstrategien für die im Produktmanagement betreuten Präparate,
- Erarbeitung von Werbekonzepten und -strategien in Zusammenarbeit mit Werbeagenturen,
- Vorschläge für Packmittelgestaltung und Packmitteländerung,
- Aktualisierung und Optimierung der Schulungsunterlagen,
- kurz- und mittelfristige Umsatzplanung,
- Absatz- und Werbeplanung sowie deren ständige Kontrolle,
- Erarbeitung von Basisinformationen für neue Projekte und Mitarbeit bei der marketingtechnischen Umsetzung.

Herr Müller besitzt ein ausgezeichnetes betriebswirtschaftliches Fachwissen und hat ein Gespür für künftige Entwicklungen. Zur Verfolgung seiner Ziele zeigte er ein gesundes Durchsetzungsvermögen, aber auch Verständnis für die Belange anderer Abteilungen. Es gelang ihm, diese für seine Ideen zu gewinnen, zur Zusammenarbeit zu motivieren und somit die Zielerreichung zu gewährleisten. Er identifizierte sich mit den ihm gestellten Aufgaben in hohem Maße und bewältigte diese selbstständig, zielstrebig und engagiert stets zu unserer vollsten Zufriedenheit. Dabei entfaltete er Aktivität, Kreativität und Eigeninitiative. Bei den für sein Aufgabengebiet notwendigen Verhandlungen mit Agenturen und innerbetrieblichen Abteilungen war er ein geschätzter und akzeptierter Gesprächspartner.

Herr Müller erwarb sich aufgrund seines Wissens und Könnens, seines sympathischen Auftretens und seiner entgegenkommenden Art die Achtung und Anerkennung seiner Vorgesetzten und Kollegen. Seine Führung war jederzeit einwandfrei.

Herr Müller verlässt uns auf eigenen Wunsch. Wir bedauern seine Entscheidung sehr, danken ihm für seine Arbeit und wünschen ihm für die Zukunft weiterhin viel Erfolg und persönlich alles Gute.

Freiburg, den 30. Juni 2008

gez. Heinz Strasser	gez. Paul Lehmbruch
– Geschäftsführer –	– Geschäftsführer –

Beurteilung

Der Aufgabenbereich von Herrn Müller, der als Junior-Produktmanager begann, wurde sukzessive erweitert und umfasste schließlich im Wesentlichen den gesamten Verantwortungsbereich eines Produktmanagers von der Erarbeitung von Marktanalysen und Marketingstrategien sowie Werbekonzepten und -strategien bis hin zur Planung von Umsatz, Absatz und Werbung einschließlich der Vertriebsunterstützung und der Gestaltung von Vertriebsmitteln.

Herrn Müller wird damit ein breites Tätigkeitsfeld attestiert, das er selbstständig, zielstrebig und engagiert stets zur vollsten Zufriedenheit bewältigte. Zudem werden ihm weitere wichtige Fähigkeiten und Arbeitserfolge bescheinigt. Sein persönliches Verhalten war jederzeit einwandfrei. Darüber hinaus erwarb er sich die Achtung und Anerkennung seiner Vorgesetzten und Kollegen und war inner- und außerbetrieblich ein geschätzter und akzeptierter Gesprächspartner.

Mit dem Zeugnis werden ihm in allen Belangen weitaus überdurchschnittliche Leistungen und ein überdurchschnittliches Sozialverhalten bescheinigt. Dies wird bestätigt durch die Schlussformulierung, wonach er zum Bedauern des Unternehmens auf eigenen Wunsch ausscheidet und ihm weiterhin viel Erfolg gewünscht und für seine bisherige Arbeit gedankt wird.

Fazit: Sehr gutes Zeugnis **Note: 1**

Architekt

MUSTER CD-ROM

ZEUGNIS

Herr Peter Müller war in der Zeit vom 1. April 2002 bis zum 31. Mai 2008 als verantwortlich zeichnender Architekt in unserem Unternehmen tätig. Sein Aufgabenbereich umfasste alle anfallenden planerischen sowie bauausführenden Arbeiten.

Überwiegend war Herr Müller mit der Durchführung planerischer Arbeiten wie Entwurfs-, Werks- und Detailplanung für Ein- und Mehrfamilienwohnhäuser, Wohnblocks und Geschäftshäuser befasst. Daneben wurden Herrn Müller Verhandlungen mit Behörden und Handwerkern sowie die örtliche Bauaufsicht für mehrere Projekte übertragen.

Herr Müller verfügt über überdurchschnittliche planerische Fähigkeiten. Er ergriff von sich aus die Initiative und setzte sich mit überdurchschnittlicher Einsatzbereitschaft für die ihm übertragenen Projekte ein. Auch starkem Arbeitsanfall ist er jederzeit gewachsen. Er arbeitet zuverlässig und genau und bewältigt seine Aufgaben sicher. Den ihm übertragenen Aufgabenbereich hat er stets zu unserer vollen Zufriedenheit erfüllt.

Sein persönliches Verhalten war jederzeit einwandfrei. Herr Müller scheidet auf eigenen Wunsch aus unserem Unternehmen aus. Wir danken ihm für seine Arbeit und wünschen ihm für die Zukunft weiterhin Erfolg und persönlich alles Gute.

Solingen, den 31. Mai 2008

Heinz Birner

Geschäftsführer

Beurteilung

Das Zeugnis schildert knapp die verantwortungsvollen Aufgaben von Herrn Müller. Nicht erwähnt ist, mit welchen Mitteln Herr Müller die Planungen darstellte, ob mit Zeichnungen von Hand oder mit Computer, und mit welchen Zeichenprogrammen er arbeitete. In der Leistungsbeurteilung sind nahezu alle für einen Architekten wesentlichen Eigenschaften wie Fachwissen, Belastbarkeit und Sorgfalt aufgeführt und jeweils mit der Note „gut" bewertet. Lediglich, dass Herr Müller selbstständig gearbeitet hat, ist nicht ausdrücklich erwähnt, man darf davon aber bei einem guten verantwortlich zeichnenden Architekten ausgehen. Die zusammenfassende Leistungsbeurteilung und die Verhaltensbeurteilung enthalten ebenfalls die Note „gut".

Allerdings fehlen in dem Zeugnis Details, die das Zeugnis von einem „Standardzeugnis" abheben und individueller erscheinen lassen. Ebenso wie die fehlenden Angaben über die verwendeten zeichnerischen Mittel in der Tätigkeitsbeschreibung vermisst man auch eine Beurteilung, wie begabt, geschickt und erfolgreich Herr Müller bei den Zeichnungen bzw. den Verhandlungen mit Externen war. Auch bei der Verhaltensbeurteilung wird die Gelegenheit ausgelassen, durch persönlicher formulierte Sätze die Wertschätzung auszudrücken, die Herr Müller genießt, oder sein Verhandlungsgeschick zu betonen.

Dass das Zeugnis wohl eher aus Pflichtgefühl und nicht so sehr aus Sympathie für Herrn Müller entstanden ist, zeigt auch die Schlussformulierung. Hier sind zwar Danksagung und Zukunftswünsche zu finden, die auch Erfolg in der Vergangenheit bescheinigen. Jedoch fehlt das übliche Bedauern über das Ausscheiden von Herrn Müller. Da Herr Müller auf eigenen Wunsch das Unternehmen verlassen haben soll, also selbst gekündigt oder einen Aufhebungsvertrag geschlossen hat, muss man aus dem Fehlen der Bedauernsformel schließen, dass der Vorgesetzte entweder die Kündigung oder den Aufhebungsvertrag angeregt hat oder aus anderem Grund über das Ausscheiden von Herrn Müller nicht unzufrieden war – ohne dass er Herrn Müller schlechte Arbeit oder ein Fehlverhalten vorwerfen könnte.

Fazit

Ein guter Architekt in verantwortlicher Position, der über alle notwendigen Eigenschaften verfügt, allerdings von seinem bisherigen Vorgesetzten nicht übermäßig geschätzt wurde. Herr Müller sollte bei Bewerbungen im Lebenslauf oder Anschreiben noch etwas genauer angeben, mit welchen Mitteln (Programmen) er Zeichnungen anfertigte und wie erfolgreich er verhandelte, weil sich dies nicht aus dem Zeugnis ergibt.

Note: 2

Ihr Chef stellt Ihnen kein Zeugnis aus

NÄCHSTE WOCHE BESTIMMT ... BEISPIEL

Nun ist Herr Müller schon drei Wochen nicht mehr in dem Unternehmen tätig und sein Arbeitgeber vertröstet ihn mit dem Zeugnis noch immer: „Nein, Herr Müller, ich habe Sie nicht vergessen. Nächste Woche haben Sie Ihr Zeugnis." Zwei Wochen später hat er es noch immer nicht. Was kann er tun?

Wenn Sie kein Endzeugnis erhalten

Bei der Beendigung des Arbeits- oder Berufsausbildungsverhältnisses entsteht Ihnen ein Anspruch auf Zeugniserteilung. Wenn Sie Ihr Arbeitsverhältnis gekündigt oder selbst eine Kündigung erhalten haben, sollten Sie Ihren Vorgesetzten deshalb bitten, Ihnen baldmöglichst ein Zeugnis auszustellen oder ausstellen zu lassen. Wenn Sie das Arbeitszeugnis bei Beendigung des Arbeitsverhältnisses noch nicht erhalten haben, sollten Sie Ihren Arbeitgeber ohne weiteres Zögern schriftlich bitten, Ihnen ein Arbeitszeugnis auszustellen.

CD-ROM **MUSTER: BITTE UM ZEUGNISAUSSTELLUNG** MUSTER

An die Fa. World Office GmbH
– Personalleitung –
World-Office-Str. 1
79100 Freiburg

31. März 2008

Beendigung meines Arbeitsverhältnisses;
Arbeitszeugnis

Sehr geehrter Herr Müller,

wie Sie wissen, endete mein Arbeitsverhältnis mit dem heutigen Tag. Leider habe ich mein Arbeitszeugnis noch nicht erhalten. Da ich es dringend benötige, bitte ich Sie, mir das Arbeitszeugnis auszustellen und binnen zwei Wochen zuzusenden. Vielen Dank.

Mit freundlichen Grüßen

Wenn Sie das Zeugnis nach Ablauf von drei bis vier Wochen noch nicht erhalten haben, sollten Sie es unter Fristsetzung schriftlich anmahnen.

MUSTER

MUSTER: ANMAHNUNG ZEUGNISAUSSTELLUNG

CD-ROM

An die Fa. World Office GmbH
– Personalleitung –
World-Office-Str. 1
79100 Freiburg

19. April 2008

Beendigung meines Arbeitsverhältnisses;
Arbeitszeugnis;
mein Schreiben vom 31.03.2008

Sehr geehrter Herr Müller,

mit meinem o. g. Schreiben habe ich auch schriftlich gebeten, mir das Arbeitszeugnis auszustellen. Bisher leider vergeblich. Da ich es dringend benötige, bitte ich Sie, mir das Arbeitszeugnis nunmehr auszustellen und bis zum

25. April 2008

zu übersenden. Vielen Dank.

Mit freundlichen Grüßen

Nach ergebnislosem Fristablauf sollten Sie, wenn sie rechtsschutzversichert sind, einen sachkundigen Anwalt beauftragen. Dieser wird Ihren früheren Arbeitgeber anschreiben und die Ausstellung des Zeugnisses fordern. In der Regel erhalten Sie dann in kurzer Zeit Ihr Arbeitszeugnis. Wenn Sie Ihren Anspruch selbst geltend machen wollen, sollten Sie auf Folgendes achten:

Beachten Sie Ausschluss- oder Verfallfristen

Falls Sie innerhalb dieser Frist kein Arbeitszeugnis erhalten, müssen Sie darauf achten, dass Ihr Anspruch auf Zeugniserteilung nicht verloren geht. In manchen Arbeits- und in vielen Tarifverträgen sind Ausschluss- oder Verfallfristen enthalten, wonach Ansprüche aus oder im Zusammenhang mit dem Arbeitsverhältnis innerhalb bestimmter Fristen mündlich, schriftlich oder gerichtlich geltend gemacht werden müssen. Wenn diese Fristen nicht eingehalten werden, sind die Ansprüche nicht mehr durchsetzbar.

Sie müssen deshalb prüfen, ob in Ihrem Arbeitsvertrag oder in dem für Sie maßgeblichen Tarifvertrag eine Verfall- oder Ausschlussfrist enthalten ist, und rechtzeitig vor Ablauf der etwaigen Frist die in der Ausschluss- bzw. Verfallfristenregelung genannte Maßnahme ergreifen.

AUSSCHLUSSFRIST ACHTUNG

Im Tarifvertrag ist geregelt, dass alle Ansprüche aus und im Zusammenhang mit dem Arbeitsverhältnis binnen einer Frist von zwei Monaten ab Fälligkeit des Anspruchs, spätestens ab Beendigung des Arbeitsverhältnisses schriftlich geltend gemacht werden müssen und innerhalb einer weiteren Frist von zwei Monaten einzuklagen sind.

In diesem Fall müssen Sie spätestens zwei Monate nach Beendigung Ihres Arbeitsverhältnisses Ihren Zeugnisanspruch schriftlich bei Ihrem früheren Arbeitgeber geltend gemacht haben. Dies müssen Sie notfalls nachweisen können. Sie sollten deshalb ein weiteres Schreiben, mit dem Sie Ihr Arbeitszeugnis geltend machen, per Einschreiben mit Rückschein an Ihren Arbeitgeber übersenden oder ein weiteres Mahnschreiben per Boten, beispielsweise durch Ihren Lebenspartner, in den Briefkasten Ihres früheren Arbeitgebers einlegen lassen und sich dies von dem Boten mit dem Datum auf einer Kopie des Schreibens bestätigen lassen.

MUSTER: ANMAHNUNG ZEUGNISAUSSTELLUNG PER EINSCHREIBEN

Per Einschreiben/Rückschein

An die Fa. World Office GmbH
– Personalleitung –
World-Office-Str. 1
79100 Freiburg

30. April 2008

Beendigung meines Arbeitsverhältnisses;
Arbeitszeugnis; meine Schreiben vom 31.03.2008 und vom 19.04.2008

Sehr geehrter Herr Müller,

mit meinen o. g. Schreiben habe ich wiederholt schriftlich gebeten, mir das Arbeitszeugnis auszustellen. Bisher leider vergeblich. Da ich es dringend benötige, bitte ich Sie, mir das Arbeitszeugnis nunmehr auszustellen und bis zum **15. Mai 2008** zu übersenden.

Nach ergebnislosem Fristablauf muss ich mir leider weitere Maßnahmen vorbehalten.

Mit freundlichen Grüßen

Falls dieses Schreiben wiederum ergebnislos ist, müssen Sie darauf achten, die Frist zur gerichtlichen Geltendmachung Ihres Anspruchs auf Erteilung des Zeugnisses nicht zu versäumen. Im obigen Beispielsfall läuft die erste Frist zwei Monate nach Beendigung des Arbeitsverhältnisses ab, somit am 31. Mai 2008. Die Frist zur gerichtlichen Geltendmachung Ihres Zeugnisanspruchs läuft zwei Monate danach ab, somit im oben genannten Beispiel am 31. Juli 2008.

Wenn Sie klagen müssen

Wenn Ihr Arbeitgeber die Erteilung eines Arbeitszeugnisses hinauszögert, müssen Sie zur Wahrung Ihrer Rechte vor Ablauf etwaiger Ausschlussfristen und rechtzeitig, bevor Verjährung oder Verwirkung eintreten könnten, Ihren Anspruch auf Erteilung eines Zeugnisses vor dem Arbeitsgericht einklagen.

RECHTSSCHUTZVERSICHERUNG ACHTUNG

Wenn Sie eine Rechtsschutzversicherung abgeschlossen haben und Arbeitsrecht mitversichert ist, werden von Ihrer Rechtsschutzversicherung für die Klage auf Erteilung oder Berichtigung des Arbeitszeugnisses die entstehenden gesetzlichen Anwaltsgebühren sowie Gerichtskosten übernommen.

Das Verfahren vor dem Arbeitsgericht

Wenn Sie nicht rechtsschutzversichert sind, müssen Sie – wenn Sie einen Anwalt beauftragen – die entstehenden Anwaltsgebühren selbst tragen, auch wenn Sie den Prozess gewinnen. Nach einer Sondervorschrift hat jede Partei in der ersten Instanz vor dem Arbeitsgericht die Gebühren des eigenen Anwalts selbst zu tragen.

Die Gerichtskosten, die anfallen, werden vom Arbeitsgericht den Parteien im Verhältnis des gegenseitigen Obsiegens oder Unterliegens auferlegt. Bei Vergleichen, die in Arbeitsgerichtsverfahren und insbesondere bei Zeugnisstreitigkeiten häufig abgeschlossen werden, entstehen grundsätzlich keine Gerichtskosten. Wenn Gerichtskosten entstehen, werden diese häufig beiden Parteien jeweils zur Hälfte auferlegt.

Für ein Verfahren vor dem Arbeitsgericht schreibt Ihnen das Gesetz nicht vor, dass Sie einen Anwalt als Prozessbevollmächtigten beauftragen müssen. Sie können den Prozess vielmehr selbst führen. Bei den Arbeitsgerichten sind auch Rechtsantragsstellen eingerichtet, bei denen Sie vorsprechen können und die für Sie aufgrund Ihrer Angaben eine Klageschrift formulieren. Mit dieser Klageschrift wird der Arbeitsgerichtsprozess eingeleitet.

Hierauf wird vom Arbeitsgericht ein so genannter Gütetermin angesetzt. Für diesen Gütetermin erhalten Sie von der Rechtsantragsstelle keine Vertretung oder Beratung, Sie können sich allerdings selbst vertreten und Ihre Rechte selbst geltend machen. Der Richter oder die Richterin wird in diesem Gütetermin unter Berücksichtigung Ihrer Angaben in der Klageschrift und Ihres mündlichen Vortrags sowie unter Berücksichtigung des Vorbringens Ihres Arbeitgebers oder seines Anwalts einen Einigungsvorschlag unterbreiten.

Wenn sowohl Sie als auch Ihr Arbeitgeber diesem Vorschlag zustimmen, ist der Rechtsstreit beendet. Falls keine Einigung zustande kommt, wird zu einem späteren Zeitpunkt ein erneuter Gerichtstermin angesetzt. In diesem Gerichtstermin wird, wenn es hierauf ankommt, eine Beweisaufnahme durchgeführt werden. Nach dem Gerichtstermin wird das Gericht in der Regel über die Klage entscheiden und – wenn Sie das Gericht davon überzeugen konnten, dass der von Ihnen geltend gemachte Anspruch begründet ist – Ihrer Klage stattgeben.

ACHTUNG

ZIEHEN SIE EINEN ANWALT ZU RATE

Wenn Sie rechtsschutzversichert sind, sollten Sie den Prozess nur in Ausnahmefällen selbst führen. Wahrscheinlich sind Sie nicht hinreichend mit dem Prozessrecht und der Gerichtssprache vertraut.

Wie Sie einen geeigneten Anwalt finden

Sie sollten einen arbeitsrechtlich versierten Anwalt, der sich auch mit der Zeugnissprache auskennt, mit der Prozessvertretung beauftragen. Allerdings ist es nicht ganz einfach, einen mit der Zeugnissprache vertrauten Anwalt zu finden. Sie sollten keinen Anwalt beauftragen, der sich nur gelegentlich mit Arbeitsrecht beschäftigt. Stattdessen sollten Sie einen Anwalt aussuchen, der über besondere Kenntnisse und Erfahrungen im Arbeitsrecht verfügt.

Anwälte, die ihre besonderen Kenntnisse und Erfahrungen im Arbeitsrecht bei der Rechtsanwaltskammer nachgewiesen haben, erhalten von der Rechtsanwaltskammer die Erlaubnis, die Bezeichnung „Fachanwalt für Arbeitsrecht“ zu führen. Diese Fachanwälte für Arbeitsrecht sind aufgrund ihrer nachgewiesenen Kenntnisse und Erfahrungen für das Arbeitsrecht besonders qualifiziert. Bei Beauftragung eines Fachanwalts für Arbeitsrecht können Sie am ehesten davon ausgehen, dass er auch mit der Zeugnisformulierungspraxis für Arbeitszeugnisse vertraut ist, zumal ein Fachanwalt für Arbeitsrecht sehr häufig mit Kündigungsschutzverfahren beauftragt wird und bei Vereinbarungen über die Beendigung von Arbeitsverhältnissen nach einer Kündigung oft auch Zeugnisfragen mitgeregelt werden.

Namen und Anschriften von Fachanwälten für Arbeitsrecht können Sie telefonisch

- bei der für Sie zuständigen Rechtsanwaltskammer,
- beim Deutschen Anwaltsverein über die Deutsche Anwalt Auskunft (Tel. 01805 /18 18 05),
- beim Anwalt-Suchservice (Tel. 0221 / 9 37 38 03) des Verlages Dr. Otto Schmidt GmbH erfragen oder
- dem Branchenverzeichnis Ihres Telefonbuchs (Gelbe Seiten) entnehmen.

Im Internet finden Sie Fachanwälte für Arbeitsrecht unter

- www.arbeitsrecht.de.
- www. fachanwalt-hotline.de
- www.arbeitsrecht-beratung.de
- www.anwaltauskunft.de
- www.anwalt-suchservice.de

In den Branchenverzeichnissen und Internetsuchdiensten oder -verzeichnissen finden sich allerdings vielfach auch Anwälte unter der Rubrik „Schwerpunkt Arbeitsrecht“ (nur bis 01.03.2006 wurde noch unterschieden zwischen „Tätigkeitsschwerpunkt" und „Interessenschwerpunkt"). Nach den gesetzlichen Vorschriften dürfen Rechtsanwälte Schwerpunkte zwar nur benennen, wenn sie entsprechende Kenntnisse nachweisen können, die in der Ausbildung, durch Berufstätigkeit, Veröffentlichungen oder in sonstiger Weise erworben wurden; qualifizierende Zusätze (z. B. „Experte/Spezialist für Arbeitsrecht") darf nur verwenden, wer zusätzlich über entsprechende theoretische Kenntnisse verfügt und auf dem benannten Gebiet in erheblichem Umfang tätig gewesen ist. Jedoch werden allein bei den Fachanwälten die Kenntnisse und Erfahrungen auf dem jeweiligen Rechtsgebiet von der zuständigen Rechtsanwaltskammer in einem besonderen Anerkennungsverfahren geprüft.

ACHTUNG

ANWALTSSUCHE

Anwälte, die als Schwerpunkt Arbeitsrecht angeben, können danach arbeitsrechtlich versiert und mit der Zeugnisformulierungspraxis vertraut sein. Allerdings haben Sie bei einem Anwalt, der die Bezeichnung „Fachanwalt für Arbeitsrecht" führt, die Gewähr, dass er seine besonderen Kenntnisse und Fähigkeiten im Arbeitsrecht gegenüber der zuständigen Anwaltskammer auch nachgewiesen hat.

Die Kosten im Arbeitsgerichtsverfahren

Um die entstehenden Kosten im Arbeitsgerichtsverfahren ermitteln zu können, müssen Sie nach der gesetzlichen Regelung von einem so genannten Gegenstandswert ausgehen. Als Gegenstandswert bei Klagen auf Erteilung oder Berichtigung von Arbeitszeugnissen wird von den Arbeitsgerichten üblicherweise ein Betrag i. H. eines Monatsgehalts, das Sie von dem Arbeitgeber erhielten, der von Ihnen verklagt wird, angesetzt. In der Regel entstehen bei einem Zeugnisverfahren nach der seit 01.07.2004 geltenden Rechtslage 3,5 Anwaltsgebühren, in Ausnahmefällen können es auch nur zwei Gebühren sein. Die Ihnen voraussichtlich entstehenden Anwaltsgebühren ergeben sich aus der nachstehenden Tabelle:

Anwaltsgebühren in Euro

BRUTTOMONATSGEHALT BIS	2 ANWALTSGEBÜHREN	3,5 ANWALTSGEBÜHREN
500,–	130,–	210,–
1.000,–	225,–	380,–
1.500,–	275,–	460,–
2.000,–	340,–	580,–
2.500,–	405,–	695,–
3.000,–	475,–	810,–
3.500,–	540,–	930,–
4.000,–	605,–	1.045,–
4.500,–	675,–	1.160,–
5.000,–	740,–	1280,–

Auch für die Höhe der Gerichtskosten ist der Gegenstandswert maßgeblich. Die Höhe dieser Gerichtskosten, die je nach Ausgang des Verfahrens anteilig von beiden Parteien oder von einer Partei alleine getragen werden müssen, ist der nachfolgenden Tabelle zu entnehmen. Zu berücksichtigen ist allerdings, dass dann keine Gerichtskosten entstehen, wenn das Verfahren ohne Kammerverhandlung durch einen im Gütetermin abgeschlossenen oder durch einen außergerichtlichen, dem Gericht mitgeteilten Vergleich beendet wird, was sehr häufig vorkommt.

Gerichtsgebühren in Euro (alte und neue Bundesländer)

BRUTTOMONATSGEHALT	GERICHTSGEBÜHR
500,–	70,–
1.000,–	110,–
1.500,–	130,–
2.000,–	146,–
2.500,–	162,–
3.000,–	178,–
3.500,–	194,–
4.000,–	210,–
4.500,–	226,–
5.000,–	242,–

ACHTUNG

GERICHTS- UND ANWALTSGEBÜHREN SIND WERBUNGSKOSTEN

Gerichts- und Anwaltsgebühren, die Ihnen als Arbeitnehmer zur Geltendmachung Ihres Anspruchs auf Erteilung oder auf Berichtigung eines Arbeitszeugnisses entstehen, sind Werbungskosten und können von Ihnen steuermindernd beim Finanzamt geltend gemacht werden.

Wenn Ihnen das Zwischenzeugnis verweigert wird

Während des Arbeitsverhältnisses können Sie ein Interesse daran haben, ein Zwischenzeugnis ausgestellt zu erhalten, beispielsweise wenn Sie wissen, dass Ihr derzeitiger Vorgesetzter mit Ihnen und Ihren Leistungen sehr zufrieden ist. Da die Zukunft ungewiss ist, Ihr Vorgesetzter wechseln oder aus gegenwärtig nicht bekannten Umständen seine Meinung über Sie und Ihre Leistungen ändern könnte, kann es nur von Vorteil sein, wenn Sie in einer solchen Situation ein Zeugnis erhalten.

Allerdings kann die Bitte auf Erteilung eines Zwischenzeugnisses zu Irritationen Ihres Vorgesetzten oder des Personal- oder des Betriebsleiters führen, da hierdurch der Eindruck entstehen kann, Sie wollten sich anderweitig bewerben. Wenn Sie diese Irritation durch Gespräche mit Ihrem Vorgesetzten vermeiden können oder in Kauf nehmen, können Sie Ihren Vorgesetzten bitten, Ihnen ein Zwischenzeugnis auszustellen. Wenn er dem nicht entsprechen will, ist es in vielen Fällen nicht sinnvoll, auf der Erteilung des Zwischenzeugnisses zu bestehen. Lediglich

- bei einem Wechsel Ihres Vorgesetzten,
- bei einer Versetzung oder
- bei länger dauernden Unterbrechungen in der tatsächlichen Beschäftigung wegen Elternzeit, lang andauernder Fortbildungsmaßnahmen, Wehr- oder Zivildienstes oder,

- wenn das Zwischenzeugnis für Sie für Fortbildungskurse oder zur Vorlage bei Behörden, Gerichten oder zur Kreditgewährung erforderlich ist,

sollten Sie auf der Erteilung des Zwischenzeugnisses bestehen.

Wann Sie einen Anspruch auf ein Zwischenzeugnis haben

In diesen Fällen haben Sie auch einen Anspruch auf ein Zwischenzeugnis und es besteht kein vernünftiger Grund, Ihnen das Zwischenzeugnis zu verweigern.

Um unnötige Konflikte zu vermeiden, sollten Sie Ihren Vorgesetzten oder – bei Versetzung oder Vorgesetztenwechsel – den früheren Vorgesetzten mündlich oder telefonisch informieren, dass Sie ein Zwischenzeugnis benötigen. Gegebenenfalls können Sie ihn fragen, ob Sie selbst bei der Personal- oder Betriebsleitung wegen des Zwischenzeugnisses vorsprechen sollen.

Wenn Sie das Zeugnis innerhalb eines Monats nicht erhalten haben, sollten Sie nochmals mündlich oder telefonisch nachfragen. Nach weiteren zwei bis drei Wochen sollten Sie bei der Personal- oder Betriebsleitung nachfragen und darauf hinweisen, dass Sie das Zwischenzeugnis benötigen.

Die schriftliche Geltendmachung des Zwischenzeugnisses ist in der Regel wenig sinnvoll, da hierdurch Dissonanzen auftreten können. Wenn Sie das Zwischenzeugnis jedoch dringend benötigen, sollten Sie sich bei ergebnislosen telefonischen oder mündlichen Nachfragen schriftlich an die Personal- oder Betriebsleitung wenden.

Die gerichtliche Geltendmachung des Anspruchs auf ein Zwischenzeugnis ist in aller Regel nicht sinnvoll, da hierdurch das Arbeitsverhältnis erheblich belastet würde. Lediglich wenn Ihr Arbeitgeber dringend auf Ihre Arbeitsleistung angewiesen ist oder Sie über kurz oder lang die Beendigung Ihres Arbeitsverhältnisses anstreben, ist es sinnvoll, die Erteilung eines Zwischenzeugnisses vor dem Arbeitsgericht geltend zu machen.

Ausschlussfristen, Verjährung und Verwirkung

Der Anspruch auf Zeugniserteilung verjährt nach § 195 BGB nach drei Jahren. Dabei ist zu berücksichtigen, dass nach § 199 BGB die Verjährungsfrist mit dem Schluss des Jahres zu laufen beginnt, in dem der Anspruch entstanden ist und der Anspruchsberechtigte von den den Anspruch begründenden Umständen und der Person des Schuldners Kenntnis erlangt oder ohne grobe Fahrlässigkeit erlangen müsste. Allerdings sind in vielen Tarifverträgen und in manchen Arbeitsverträgen Ausschlussklauseln enthalten, die dazu führen können, dass der Anspruch auf Erteilung eines Arbeitszeugnisses nach kurzer Zeit verfällt. Außerdem kann der Anspruch auf Erteilung eines Zeugnisses auch verwirkt werden. Voraussetzung für eine Verwirkung des Zeugnisanspruchs ist, dass der Arbeitnehmer sein Recht über längere Zeit hinweg nicht ausgeübt hat (Zeitmoment) und bei dem Arbeitgeber dadurch die Überzeugung hervorgerufen hat, er werde sein Recht nicht mehr durchsetzen (Umstandsmoment)(vgl. Bundesarbeitsgericht, Urteil vom 04.10.2005, 9 AZR 507/04). Dabei kann die Verwirkung nach der Rechtsprechung des Bundesarbeitsgerichts bereits wenige Monate nach der Fälligkeit des Anspruchs eintreten.

BEISPIEL **AUSSCHLUSSKLAUSEL**

Alle Ansprüche aus dem Arbeitsverhältnis müssen innerhalb einer Frist von zwei Monaten nach Fälligkeit schriftlich geltend gemacht werden, ansonsten sind die Ansprüche verfallen.

Wie Ihr Anspruch auf Zeugniserteilung erfüllt werden muss

Eine Verpflichtung des Arbeitgebers, dem Arbeitnehmer das Zeugnis zuzusenden, besteht grundsätzlich nicht. Der Arbeitnehmer ist nach der Rechtsprechung des Bundesarbeitsgerichts vielmehr grundsätzlich verpflichtet, das Arbeitszeugnis bei seinem Arbeitgeber abzuholen. Der Arbeitgeber hat seine Verpflichtung danach erfüllt, wenn er ein ordnungsgemäßes Arbeitszeugnis ausgestellt hat und zur Abholung für den Arbeitnehmer bereithält.

Keine Regel ohne Ausnahme

Doch wie bei vielen Regeln gibt es auch bei der Verpflichtung des Arbeitnehmers, das Arbeitzeugnis abzuholen, eine Ausnahme.

ÜBERSENDUNGSPFLICHT ! ACHTUNG

Aus Gründen der nachwirkenden Fürsorgepflicht kann der Arbeitgeber nach Treu und Glauben ausnahmsweise zur Übersendung des Zeugnisses an den Arbeitnehmer verpflichtet sein, wenn die Abholung des Zeugnisses für den Arbeitnehmer mit unverhältnismäßig hohen Kosten oder besonderen Mühen verbunden ist.

Derartige Umstände können angenommen werden, wenn der Arbeitnehmer seinen Wohnsitz zwischenzeitlich an einen weit entfernten Ort verlegt hat.

Darüber hinaus ist der Arbeitgeber zur Übersendung des Zeugnisses an den Arbeitnehmer verpflichtet, wenn der Arbeitnehmer die Erteilung des Zeugnisses rechtzeitig vor Beendigung des Arbeitsverhältnisses verlangt hat und es bis zur Beendigung des Arbeitsverhältnisses aus Gründen, die im Umfeld des Arbeitgebers liegen, nicht zur Abholung durch den Arbeitnehmer bereitliegt.

ZEUGNIS RECHTZEITIG VERLANGEN ! ACHTUNG

Sie sollten Ihren Arbeitgeber ca. vier Wochen vor Beendigung des Arbeitsverhältnisses bitten, Ihnen ein Arbeitszeugnis auszustellen. Wenn er das Arbeitszeugnis an Ihrem letzten Arbeitstag dann noch nicht fertig gestellt hat und es Ihnen deshalb nicht übergeben kann, ist er verpflichtet, Ihnen das Arbeitszeugnis nachträglich zuzusenden.

In der Praxis ist festzustellen, dass ein Arbeitgeber in aller Regel nicht darauf besteht, dass das Arbeitszeugnis vom Arbeitnehmer abgeholt wird. Das Arbeitszeugnis wird in der Regel, wenn es dem Arbeitnehmer nicht am letzten Tag übergeben wird, per Post übersandt. Diese Handhabung ist auch interessengerecht, da der Aufwand des Arbeitgebers für Porto, Verpackung und Absendung wesentlich geringer ist als der Aufwand des Arbeitnehmers, das Zeugnis persönlich abzuholen.

Sie sind mit dem erhaltenen Zeugnis nicht zufrieden

IN DER REGEL ENGAGIERT ... BEISPIEL

Frau Maier staunt nicht schlecht: Obwohl sie regelmäßig Überstunden abgeleistet hat, bescheinigt ihr ihr Arbeitgeber lediglich: „Sie hat in der Regel engagiert gearbeitet" ...

Haben Sie einen Anspruch auf Zeugnisberichtigung?

Wer von seinem Arbeitgeber ein Zeugnis erhalten hat, das nicht ordnungsgemäß ist, muss dieses Zeugnis nicht akzeptieren. Ihm steht vielmehr ein Anspruch auf Erteilung eines ordnungsgemäßen Arbeitszeugnisses zu.

Die Fehlerhaftigkeit des Arbeitszeugnisses kann sich daraus ergeben, dass das Arbeitszeugnis von seiner äußeren Form her nicht ordnungsgemäß ist, beispielsweise, dass es nicht auf Firmenbogen geschrieben ist, Schreibfehler aufweist oder verfleckt ist.

Fehlerhaft kann das Zeugnis auch sein, weil es inhaltlich unzutreffend ist, beispielsweise weil die Tätigkeitsbeschreibung in wesentlichen Punkten unvollständig ist oder wesentliche Aufgaben nur am Rande erwähnt und unwesentliche Aufgaben betont werden. Häufig sind Fehler auch in der Leistungs- oder in der Verhaltensbeurteilung enthalten, wenn der Arbeitgeber beispielsweise den Grundsatz der wohlwollenden Beurteilung nicht ausreichend berücksichtigt hat.

Vom Bundesarbeitsgericht wurde im Urteil vom 23.06.1960 dem Arbeitgeber die Darlegungs- und Beweislast für die inhaltliche Richtigkeit eines Zeugnisses auferlegt (BAG AP, Nr. 12 zu § 630 BGB), wenn ein Arbeitnehmer die Berichtigung dieses Zeugnisses beim Arbeitsgericht eingeklagt. Diese Rechtsprechung hat das Bundesarbeitsgericht jedoch durch Urteil vom 14.10.2003 modifiziert. Danach hat der Arbeitgeber nur dann die seiner Beurteilung zugrunde liegenden Tatsachen darzulegen und zu beweisen, wenn die Benotung im Arbeitszeugnis überdurchschnittlich ist. Der Arbeitnehmer trägt dagegen die Beweislast, wenn er eine bessere Beurteilung als „zur vollen Zufriedenheit" – das bedeutet befriedigend, durchschnittlich – erreichen will (Bundesarbeitsgericht, Urteil vom 14.10.2003, 9 AZR 12/03). Genügen die Parteien ihrer Darlegungs- oder Beweislast nicht, so muss im Urteil ein Zeugnis mit durchschnittlicher Bewertung zugesprochen werden (Landesarbeitsgericht Hamm, Urteil vom 13.02.1992, LAGE BGB § 630 Nr. 16).

ACHTUNG

ZEUGNISMANGEL

Wenn Sie Mängel in Ihrem Arbeitszeugnis entdecken, sollten Sie Ihren Vorgesetzten zunächst freundlich darauf hinweisen und ihn bitten, das Arbeitszeugnis nochmals ordnungsgemäß auszustellen. Wenn diese Bitte nicht dazu führt, dass Sie ein ordnungsgemäßes Zeugnis erhalten, sollten Sie Ihren Zeugnisberichtigungsanspruch schriftlich geltend machen. Hierbei kann es sinnvoll sein, einen Zeugnisvorschlag beizufügen.

Falls Sie den Zeugnisvorschlag selbst formulieren, sollten Sie allerdings mit der Zeugnissprache vertraut sein. Manche Formulierungsvorschläge, die ein Arbeitnehmer unterbreitet, erweisen sich im Nachhinein als „Eigentor". Dies kann darauf zurückzuführen sein, dass der Arbeitnehmer mit der Zeugnissprache nicht hinreichend vertraut ist.

Gelegentlich entstehen nachteilige Formulierungen auch dadurch, dass ein Arbeitnehmer, der sein Zeugnis selbst formuliert, nicht über die nötige Distanz verfügt, um seine eigene Formulierung objektiv zu würdigen. Dies kann zu Widersprüchen im Zeugnis oder zu Übertreibungen führen, die das Zeugnis insgesamt unglaubwürdig machen. Falls Sie das Zeugnis selbst formulieren, sollten Sie Ihren Zeugnisvorschlag deshalb einer neut-

ralen Person zur Beurteilung vorlegen, bevor Sie ihn an Ihren Arbeitgeber weiterleiten.
Sie brauchen sich beim Geltendmachen eines Zeugnisberichtigungsanspruchs keine Sorgen zu machen, Ihr Arbeitgeber könnte aus Verärgerung über Ihren Berichtigungswunsch bei dem korrigierten, neuen Zeugnis die Bewertung in anderen Punkten oder insgesamt verschlechtern. Nach einem neueren Urteil des Bundesarbeitsgerichts ist der Arbeitgeber nämlich an die einmal erteilte Zeugnisfassung gebunden, außer wenn ihm nachträglich Umstände bekannt geworden sind, die ein schlechteres Zeugnis rechtfertigen (Bundesarbeitsgericht, Urteil vom 21.06.2005, 9 AZR 352/04 – dort für). Dies ergebe sich aus Treu und Glauben und aus dem Rechtsgedanken des Maßregelungsverbots (§ 612 a BGB), das es einem Arbeitgeber verbietet, einen Arbeitnehmer zu benachteiligen, weil er in zulässiger Weise seine Rechte ausübt. Das genannte Urteil befasst zwar dem Gegenstande nach nur mit der Bindung an eine zuvor getroffene Verhaltensbeurteilung, ist aber aufgrund der zur Begründung vorgetragenen Argumente verallgemeinerungsfähig und auch auf andere Zeugniswertungen übertragbar.

Fristen beachten!

Wenn der Arbeitgeber Ihrer schriftlichen Bitte, ein ordnungsgemäßes Zeugnis auszustellen, nicht innerhalb einer angemessenen Frist von zwei bis drei Wochen nachkommt, sollten Sie ihn nochmals schriftlich bitten, das überarbeitete Zeugnis auszustellen und Ihnen zuzusenden. Gleichzeitig sollten Sie ihn bitten, Ihnen das Zeugnis binnen zwei Wochen zu übersenden.

Falls dieser erneuten schriftlichen Bitte mit Fristsetzung nicht entsprochen wird, müssen Sie Nägel mit Köpfen machen: Sie sollten die Durchsetzung Ihres Berichtigungsanspruchs nicht auf die lange Bank schieben, auch wenn Sie bereits eine neue Arbeitsstelle gefunden haben und das berichtigte Zeugnis bis auf weiteres nicht benötigen. Wenn Sie Ihren Zeugnisberichtigungsanspruch nicht weiterverfolgen, besteht die Gefahr, dass er verwirkt oder aufgrund einer Ausschlussfrist nicht mehr durchgesetzt werden kann.

In vielen Tarifverträgen und in manchen Arbeitsverträgen sind Regelungen enthalten, wonach Ansprüche aus dem Arbeitsverhältnis innerhalb einer Frist, die sehr kurz sein kann, außergerichtlich schriftlich oder gerichtlich geltend gemacht werden müssen. Wenn eine solche Ausschlussfrist, die – abhängig vom konkreten Wortlaut der Ausschlussregelung – auch Zeugnisberichtigungsansprüche umfassen kann, nicht eingehalten wird, verfällt der Anspruch.

Darüber hinaus kann der Zeugnisberichtigungsanspruch ebenso wie der Anspruch auf Erteilung eines Zeugnisses auch verwirken. Dabei kann eine Verwirkung nach einem Urteil des Bundesarbeitsgerichts bereits nach wenigen Monaten eintreten. Dieses Urteil wird zwar überwiegend als nicht verallgemeinerungsfähig abgelehnt, es besteht jedoch die Gefahr, dass Sie bei einer Klage auf Berichtigung oder Erteilung eines Arbeitszeugnisses vom Arbeitsrichter zu hören bekommen, dass Ihr Anspruch verwirkt sei, wenn Sie lange warten, bis Sie ihn geltend machen und vor dem Arbeitsgericht einklagen.

Stehen Ihnen Schadensersatzansprüche zu?

Ihnen kann gegen Ihren früheren Arbeitgeber ein Schadensersatzanspruch zustehen, wenn Sie Ihr Arbeitszeugnis nicht, verspätet, unvollständig oder fehlerhaft erhalten. Der Schadensersatzanspruch kann sich aus Verzug (§ 286 BGB) oder aus Schlechterfüllung des Zeugnisanspruchs (§ 280 Abs. 1 BGB) ergeben.

Voraussetzung für die Schadensersatzpflicht ist allerdings, dass der Arbeitgeber schuldhaft seine Pflicht verletzt, Ihnen rechtzeitig ein ordnungsgemäßes Zeugnis zu erteilen. Der Ihnen zu ersetzende Schaden umfasst den entgangenen Verdienst aufgrund der Tatsache, dass Sie bei Bewerbungen kein ordnungsgemäßes Zeugnis vorweisen können.

Allerdings müssen Sie die Voraussetzungen des Schadensersatzanspruchs vor Gericht im Einzelnen nachweisen (mit Ausnahme der Tatsache, dass die Pflichtverletzung schuldhaft begangen wurde, was der Arbeitgeber widerlegen muss). Insbesondere müssen Sie nachweisen, dass Ihnen wegen der verspäteten oder nicht ordnungsgemäßen Erteilung des Zeugnisses ein Schaden entstanden ist.

Dabei kommen Ihnen allerdings die Darlegungs- und Beweiserleichterungen nach § 252 Satz 2 BGB zugute. Nach dieser Regelung gilt derjenige

Verdienst als entgangen, der nach dem gewöhnlichen Lauf der Dinge oder nach den besonderen Umständen mit Wahrscheinlichkeit erwartet werden kann. Außerdem kann das Arbeitsgericht nach § 287 Abs. 1 ZPO unter Würdigung aller Umstände nach freier Überzeugung entscheiden, ob und in welcher Höhe unter Berücksichtigung des gewöhnlichen Laufs der Dinge oder nach den besonderen Umständen mit Wahrscheinlichkeit ein Schaden entstanden ist.

Gelingt es Ihnen also zu beweisen, dass die verspätete oder nicht ordnungsgemäße Ausstellung des Zeugnisses ursächlich war für Ihren Misserfolg bei einer Bewerbung um eine neue Arbeitsstelle, dann genügt es, diejenigen Umstände darzulegen und nachzuweisen, aus denen sich aus dem gewöhnlichen Verlauf der Dinge oder den besonderen Umständen des Falles die Wahrscheinlichkeit des entgangenen Verdienstes ergibt.

Schadensersatzansprüche meist nicht durchsetzbar

Vom Bundesarbeitsgericht wurde hierzu 1967 allerdings entschieden, es gebe auch bei leitenden Angestellten keinen Erfahrungsgrundsatz, wonach das Fehlen des Zeugnisses die Ursache für den Misserfolg von Bewerbungen um einen Arbeitsplatz gewesen sei. Der Arbeitnehmer müsse deshalb darlegen und im Streitfall beweisen, dass ein bestimmter Arbeitgeber bereit gewesen sei, ihn einzustellen, sich aber dann wegen des Zeugnisses davon habe abhalten lassen.

NACHWEISPFLICHT KAUM ERFÜLLBAR ACHTUNG

Den Nachweis, dass ein bestimmter Arbeitgeber bereit gewesen wäre, Sie einzustellen, und die Einstellung nur an dem fehlenden Zeugnis scheiterte, werden Sie in aller Regel nicht erbringen können. Diese Anforderung ist auch lebensfremd. Lediglich wegen eines Arbeitszeugnisses wird ein Arbeitnehmer nicht eingestellt.

In der Regel ermöglicht das Arbeitszeugnis Ihnen lediglich, dass Sie zu einem Vorstellungsgespräch eingeladen werden, in dem Ihre Kenntnisse und Fähigkeiten sowie Ihre Persönlichkeit unter Berücksichtigung der vorgelegten Arbeitszeugnisse und des persönlichen Eindrucks beurteilt werden. Wenn Sie diese erste Hürde zur Einladung zu einem Vorstellungsgespräch wegen des fehlenden oder fehlerhaften Arbeitszeugnisses nicht überspringen, sind Sie auch nicht in der Lage, den Nachweis zu erbringen, dass der Arbeitgeber Sie ohne das fehlende oder fehlerhafte Zeugnis eingestellt hätte. Da die Einladung zum Vorstellungsgespräch nicht bereits die Zusage für die Stelle ist, können Sie bei unterbliebener Einladung auch nicht nachweisen, dass dieser Arbeitgeber Sie bei ordnungsgemäßem Zeugnis eingestellt hätte.

Auch die Entscheidung des Bundesarbeitsgerichts vom 16.11.1995, wonach es ausreichend für die vom Arbeitnehmer darzulegenden tatsächlichen Schadensersatzgrundlagen sein kann, dass ein bestimmter Arbeitgeber ernsthaft an Ihrer Einstellung interessiert war und die Zeugnisfrage zur Sprache gebracht wurde, hilft Ihnen im Normalfall nicht weiter.

Nach der bisherigen Rechtsprechung des Bundesarbeitsgerichts sind die Voraussetzungen für einen Schadensersatzanspruch bei verspäteter oder fehlerhafter Zeugniserteilung deshalb in der Regel nicht nachzuweisen, zumal Misserfolge bei Bewerbungen, wenn mehrere oder zahlreiche Bewerbungen vorliegen, auf eine Vielzahl von Ursachen zurückgeführt werden können und Ihnen die Gründe für die Ablehnung im Regelfall nicht genannt werden.

ACHTUNG

AUFFORDERUNG ZUR ZEUGNISVORLAGE

Wenn Sie sich allerdings um eine neue Stelle bewerben und dabei aufgefordert werden, das Zeugnis Ihres früheren Arbeitgebers vorzulegen, mit dessen Erteilung der frühere Arbeitgeber jedoch in Verzug ist oder das er fehlerhaft ausgestellt hat, bestehen Aussichten, die Voraussetzungen des Schadensersatzanspruchs nachzuweisen.

Bei diesen Umständen kann angenommen werden, dass der neue Arbeitgeber ernsthaft an Ihrer Anstellung interessiert war, ansonsten hätte er nicht nach dem fehlenden Zeugnis gefragt. Wenn Sie in diesem Fall das Zeugnis nicht vorlegen können und Ihre Bewerbung scheitert, spricht eine gewisse Wahrscheinlichkeit dafür, dass es an dem nicht vorgelegten Zeugnis liegt. Unter Berücksichtigung des Urteils des Bundesarbeitsgerichts vom 16.11.1995 (8 AZR 983/94) könnte ein Arbeitsgericht deshalb zu dem Ergebnis kommen, dass die Voraussetzungen des Schadensersatzanspruchs unter Berücksichtigung der Beweiserleichterungen nach § 252 Satz 2 BGB und § 287 Abs. 1 ZPO hinreichend nachgewiesen sind.

Hierbei müssen Sie allerdings darauf achten, dass ebenso wie die Ansprüche auf Zeugniserteilung und Zeugnisberichtigung auch die Ansprüche auf Schadensersatz wegen fehlerhafter oder nicht ordnungsgemäßer Zeugniserteilung der Verwirkung unterliegen oder durch Ausschlussklauseln in Tarif- oder Arbeitsverträgen oder durch entsprechende Regelungen in einer sonstigen Vereinbarung, die Sie mit Ihrem Arbeitgeber treffen, beispielsweise einem Aufhebungsvertrag oder einer Ausgleichsquittung, verfallen können. Etwaige Schadensersatzansprüche sollten Sie deshalb unverzüglich schriftlich und anschließend auch gerichtlich geltend machen.

Wie Sie eine Zeugniskorrektur durchsetzen

Sie haben Ihr Arbeitszeugnis erhalten und die Analyse hat ergeben, dass Ihre Leistungen oder Ihr Verhalten unter Berücksichtigung des Grundsatzes der wohlwollenden Beurteilung nicht sachgemäß benotet sind oder die von Ihnen durchgeführten Aufgaben in dem Arbeitszeugnis nicht zutreffend beschrieben sind, beispielsweise weil wichtige Aufgaben fehlen oder weil weniger bedeutsame Aufgaben betont werden.

In diesem Fall ist es zweckmäßig, einen Zeugnistext für ein ordnungsgemäßes Zeugnis auszuarbeiten. Diesen Zeugnisvorschlag sollten Sie an Ihren (früheren) Arbeitgeber übersenden mit dem Hinweis, dass das ausgestellte Arbeitszeugnis Ihren Leistungen und/oder Ihrem Verhalten und/oder den von Ihnen durchgeführten Aufgaben nicht entspricht, und ihn bitten, das Zeugnis unter Berücksichtigung Ihres Zeugnisvorschlags zu überarbeiten.

Mit der Zeugnisanalyse und der Zeugniskorrektur können Sie einen sachkundigen Anwalt beauftragen, Sie können Ihren Anspruch auf Berichtigung des Zeugnisses aber auch selbst geltend machen.

MUSTER **MUSTER: BEANSTANDUNG ARBEITSZEUGNIS** CD-ROM

An die Fa. World Office GmbH
– Personalleitung –
World-Office-Str. 1
79100 Freiburg

4. April 2008

Arbeitszeugnis

Sehr geehrter Herr Müller,

herzlichen Dank für die Übersendung meines Arbeitszeugnisses.

Zwischenzeitlich habe ich das Arbeitszeugnis geprüft und muss Ihnen mitteilen, dass es unter Berücksichtigung des Wohlwollensgrundsatzes nicht meinen Leistungen und meinem Verhalten entspricht. Ich möchte Sie deshalb bitten, mein Arbeitszeugnis zu überarbeiten, und übersende in der Anlage einen Formulierungsvorschlag.

Mit freundlichen Grüßen

Wenn Sie drei Wochen nach Absendung dieses Schreibens kein ordnungsgemäßes Zeugnis erhalten haben, sollten Sie die Zeugnisberichtigung schriftlich anmahnen.

CD-ROM

MUSTER: ANMAHNUNG ZEUGNISBERICHTIGUNG

MUSTER

An die Fa. World Office GmbH
– Personalleitung –
World-Office-Str. 1
79100 Freiburg

25. April 2008

Arbeitszeugnis;
mein Schreiben vom 04.04.2008

Sehr geehrter Herr Müller,

Bezug nehmend auf mein o. g. Schreiben möchte ich Sie hiermit an die Übersendung meines korrigierten Arbeitszeugnisses erinnern.

Mit freundlichen Grüßen

Wenn Sie das korrigierte Zeugnis nach Ablauf von drei bis vier Wochen noch nicht erhalten haben, sollten Sie es unter Fristsetzung schriftlich anmahnen (vgl. Muster auf der folgenden Seite).
Falls Sie innerhalb dieser Frist kein korrigiertes Arbeitszeugnis erhalten, müssen Sie darauf achten, dass Ihr Anspruch auf Zeugnisberichtigung nicht verloren geht. In manchen Arbeitsverträgen und in vielen Tarifverträgen sind Ausschluss- oder Verfallfristen enthalten, wonach Ansprüche aus oder im Zusammenhang mit dem Arbeitsverhältnis innerhalb bestimmter Fristen mündlich, schriftlich oder gerichtlich geltend gemacht werden müssen. Wenn diese Fristen nicht eingehalten werden, sind die Ansprüche nicht mehr durchsetzbar. Sie müssen deshalb prüfen, ob in Ihrem Arbeitsvertrag oder in dem für Sie maßgeblichen Tarifvertrag eine Verfall- oder Ausschlussfrist enthalten ist, und rechtzeitig vor Ablauf der etwaigen Frist die in der Ausschluss- bzw. Verfallfristenregelung genannte Maßnahme ergreifen.

CD-ROM **MUSTER: ANMAHNUNG ZEUGNISBERICHTIGUNG MIT FRISTSETZUNG** MUSTER

An die Fa. World Office GmbH
– Personalleitung –
World-Office-Str. 1
79100 Freiburg

10. Mai 2008

Arbeitszeugnis;
meine Schreiben vom 04.04.2008 und 25.04.2008

Sehr geehrter Herr Müller,

mit meinen o. g. Schreiben habe ich Sie gebeten, mein Arbeitszeugnis zu korrigieren. Bisher leider vergeblich. Da ich es dringend benötige, bitte ich Sie, mir das korrigierte Arbeitszeugnis nunmehr auszustellen und bis zum

20. Mai 2008

zu übersenden. Vielen Dank.

Mit freundlichen Grüßen

Fristen

Im Tarifvertrag ist geregelt, dass alle Ansprüche aus und im Zusammenhang mit dem Arbeitsverhältnis binnen einer Frist von zwei Monaten ab Fälligkeit des Anspruchs, spätestens ab Beendigung des Arbeitsverhältnisses schriftlich geltend gemacht werden müssen und innerhalb einer weiteren Frist von zwei Monaten einzuklagen sind.

In diesem Fall müssen Sie spätestens zwei Monate nach Beendigung Ihres Arbeitsverhältnisses Ihren Zeugnisanspruch schriftlich bei Ihrem früheren Arbeitgeber geltend gemacht haben. Dies müssen Sie notfalls nachweisen können. Sie sollten deshalb ein weiteres Schreiben, mit dem Sie Ihr Arbeitszeugnis geltend machen, per Einschreiben mit Rückschein an Ihren Arbeitgeber übersenden oder ein weiteres Mahnschreiben per Boten, beispielsweise durch Ihren Lebenspartner, in den Briefkasten Ihres früheren

Arbeitgebers einlegen lassen und sich dies von dem Boten mit dem Datum auf einer Kopie des Schreibens bestätigen lassen.

MUSTER: ANMAHNUNG ZEUGNISBERICHTIGUNG PER EINSCHREIBEN

Per Einschreiben/Rückschein
An die Fa. World Office GmbH
– Personalleitung –
World-Office-Str. 1
79100 Freiburg

23. Mai 2008

Beendigung meines Arbeitsverhältnisses;
Arbeitszeugnis; meine Schreiben vom 04.04., 25.04. und 10.05.2008

Sehr geehrter Herr Müller,

mit meinen o. g. Schreiben habe ich Sie gebeten, mein Arbeitszeugnis zu korrigieren. Bisher leider vergeblich. Da ich es dringend benötige, bitte ich Sie, mir das Arbeitszeugnis nunmehr auszustellen und bis zum **30. Juni 2008** zu übersenden.

Nach ergebnislosem Fristablauf muss ich mir leider weitere Maßnahmen vorbehalten.

Mit freundlichen Grüßen

Falls dieses Schreiben wiederum ergebnislos ist, müssen Sie darauf achten, die Frist zur gerichtlichen Geltendmachung Ihres Anspruchs auf Berichtigung des Zeugnisses nicht zu versäumen. Im obigen Beispielsfall läuft die erste Frist zwei Monate nach Beendigung des Arbeitsverhältnisses ab, somit am 31. Mai 2008. Die Frist zur gerichtlichen Geltendmachung Ihres Zeugnisanspruchs läuft zwei Monate danach ab, somit im oben genannten Beispiel am 31. Juli 2008.

Wenn Sie die Zeugniskorrektur gerichtlich durchsetzen müssen

Das Verfahren, wenn Sie Ihre Rechte gerichtlich durchsetzen müssen, ist dasselbe, wie es bereits oben beschrieben wurde, wenn der Chef Ihnen das Zeugnis verweigert.

Da ein nicht ordnungsgemäßes, widersprüchliches und Ihre Leistungen und Ihr Verhalten herabsetzendes Zeugnis Ihre Chancen bei Bewerbungen erheblich vermindern kann, ist es in der Regel nicht sinnvoll, auf ein erforderliches Zeugnisberichtigungsverfahren zu verzichten oder ein solches aus finanziellen Gründen ohne sachkundigen und mit der Zeugnisformulierungspraxis vertrauten Anwalt zu führen. Die hierdurch eingesparten Kosten stehen voraussichtlich in keinem Verhältnis zu den Nachteilen, die Ihnen bei nicht ordnungsgemäßem Zeugnis bei Bewerbungen entstehen.

Auch wenn Sie in dem Zeitpunkt, in dem Sie das nicht ordnungsgemäße Arbeitszeugnis von Ihrem alten Arbeitgeber erhalten, bereits eine neue Stelle angetreten haben, dürfen Sie den Wert eines ordnungsgemäßen Zeugnisses des früheren Arbeitgebers nicht unterschätzen. Falls es in der Zukunft bei Ihrem neuen Arbeitgeber zu Problemen kommt, die nie auszuschließen sind, oder Sie in Zukunft eine neue Stelle anstreben, benötigen Sie ein ordnungsgemäßes Zeugnis Ihres letzten Arbeitgebers.

ACHTUNG

KLAGEN OHNE ANWALT

Wenn Sie es sich zutrauen, Ihre Interessen in einem Zeugnisberichtigungsverfahren selbst zu vertreten, formulieren die Rechtsantragsstellen der Arbeitsgerichte die Klageschrift für Sie.

Anhang: Zeugnisformular

In dem Zeugnisformular sind die wichtigsten Textbausteine für die Zeugnisformulierung übersichtlich dargestellt. Damit können Sie problemlos Ihr individuelles Zeugnis ausformulieren, indem Sie

- Ihre persönlichen Daten ergänzen,
- die Tätigkeitsbeschreibung ausformulieren,
- die Textbausteine zur Leistungsbeurteilung ankreuzen und eventuelle spezielle Beurteilungen ergänzen,
- die Textbausteine zur persönlichen Führung ankreuzen und eventuell zusätzliche spezielle Beurteilungen anführen,
- die Schlussformulierung ankreuzen und eventuell ergänzen.

Das so ausgefüllte Zeugnisformular können Sie dann als Vorlage verwenden, um ein formgerechtes maschinenschriftliches Zeugnis auszustellen. Selbstverständlich finden Sie dieses Formular auch auf Ihrer CD-ROM, direkt zum Übernehmen in Ihre Textverarbeitung.

Die wichtigsten Textbausteine

TEXTBAUSTEINE FÜR IHR ARBEITSZEUGNIS

ÜBERSCHRIFT

☐ Arbeitszeugnis ☐ Zeugnis

EINLEITUNG

☐ Herr/ Frau ....,
geb. .... in ....,
war vom .... bis zum .... als .... in unserem Unternehmen tätig.

☐ Herr/ Frau ....,
geb. .... in ....,
trat am .... in unser Unternehmen ein.

☐ Herr/ Frau ....,
geb. .... in ....,
wurde vom .... bis zum .... in unserem Hause als .... beschäftigt.

☐ Herr/ Frau ....,
geb. .... in ....,
wurde in unserem Unternehmen in der Zeit vom .... bis zum..........
zum .... ausgebildet. (für Ausbildungszeugnis)

☐ Herr/ Frau ....,
geb. .... in ....,
ist seit .... in unserem Unternehmen als
.... tätig.

☐ Herr/ Frau ....,
geb. .... in ....,
war vom .... bis zum .... in unserem Unternehmen tätig,
seit .... als .... (wechselnder Aufgabenbereich)

TÄTIGKEITSBESCHREIBUNG

____

____

____

____

Leistungsbeurteilung

Fachwissen

	Herr/Frau ...
sehr gut	☐ verfügt über umfassende und vielseitige Fachkenntnisse, auch in Randbereichen.
gut	☐ verfügt über umfassende Fachkenntnisse.
befriedigend	☐ verfügt über solide Fachkenntnisse.
ausreichend	☐ verfügt über ein solides Grundwissen in seinem/ihrem Arbeitsbereich.
mangelhaft	☐ verfügt über entwicklungsfähige Kenntnisse seines/ihres Arbeitsbereichs.
ungenügend	☐ hatte Gelegenheit, sich die erforderlichen Kenntnisse seines/ihres Arbeitsbereichs anzueignen.

Auffassungsgabe und Problemlösungsfähigkeit

	Er/Sie ...
sehr gut	☐ ist in der Lage, auch schwierige Situationen sofort zutreffend zu erfassen und schnell richtige Lösungen zu finden.
gut	☐ überblickt schwierige Zusammenhänge, erkennt das Wesentliche und ist in der Lage, schnell Lösungen aufzuzeigen.
befriedigend	☐ findet sich in neuen Situationen zurecht und ist auch in der Lage, komplizierte Zusammenhänge zu erfassen.
ausreichend	☐ ist mit Unterstützung seiner/ihrer Vorgesetzten neuen Situationen gewachsen und in der Lage, komplizierte Zusammenhänge nachzuvollziehen.
mangelhaft	☐ ist mit Unterstützung seiner/ihrer Vorgesetzten neuen Situationen im Wesentlichen gewachsen.
ungenügend	☐ war bemüht, mit Unterstützung seiner/ihrer Vorgesetzten neuen Situationen gerecht zu werden.

Leistungsbereitschaft und Eigeninitiative

	Herr/Frau ...
sehr gut	☐ zeigte stets Eigeninitiative und überzeugte durch seine/ihre große Leistungsbereitschaft.
gut	☐ ergriff von sich aus die Initiative und setzte sich mit überdurchschnittlicher Einsatzbereitschaft für das Unternehmen ein.
befriedigend	☐ zeigte Einsatzbereitschaft und Eigeninitiative.
ausreichend	☐ hat der geforderten Einsatzbereitschaft entsprochen.
mangelhaft	☐ hat der geforderten Einsatzbereitschaft im Wesentlichen entsprochen.
ungenügend	☐ hat sich bemüht, der geforderten Einsatzbereitschaft zu entsprechen.

Belastbarkeit

sehr gut	☐ Auch stärkstem Arbeitsanfall ist er/sie jederzeit gewachsen.
gut	☐ Auch starkem Arbeitsanfall ist er/sie jederzeit gewachsen.
befriedigend	☐ Er/Sie ist starkem Arbeitsanfall gewachsen.
ausreichend	☐ Er/Sie ist dem üblichen Arbeitsanfall gewachsen.
mangelhaft	☐ Er/Sie ist dem üblichen Arbeitsanfall im Wesentlichen gewachsen.
ungenügend	☐ Er/Sie ist bemüht, den üblichen Arbeitsanfall zu bewältigen.

Denk- und Urteilsvermögen:

sehr gut	☐ Besonders hervorzuheben ist seine/ihre Urteilsfähigkeit, die ihn/sie auch in schwierigen Lagen zu einem eigenständigen, abgewogenen und zutreffenden Urteil befähigt.
gut	☐ Seine/ihre Urteilsfähigkeit ist geprägt durch seine/ihre klare und logische Gedankenführung, die ihn/sie zu sicheren Urteilen befähigt.
befriedigend	☐ Seine/ihre folgerichtige Denkweise kennzeichnet seine/ ihre sichere Urteilsfähigkeit in vertrauten Zusammenhängen.
ausreichend	☐ Im vertrauten Zusammenhang kann er/sie sich auf seine/ihre sichere Urteilsfähigkeit stützen.
mangelhaft	☐ Im vertrauten Zusammenhang kann er/sie sich im Wesentlichen auf seine/ihre Urteilsfähigkeit stützen.
ungenügend	☐ Seine/ihre Urteilsfähigkeit ist geprägt durch sprunghafte, teils widersprüchliche Gedankenführung, ohne zu erkennen, worauf es ankommt.

Zuverlässigkeit

	Herr/Frau ...
sehr gut	☐ arbeitete stets sehr zuverlässig und genau.
gut	☐ arbeitete stets zuverlässig und gewissenhaft.
befriedigend	☐ arbeitete zuverlässig und gewissenhaft.
ausreichend	☐ bewältigte die entscheidenden Aufgaben zuverlässig.
mangelhaft	☐ arbeitete in der Regel zuverlässig.
ungenügend	☐ war um zuverlässige Arbeitsweise bemüht.

Fachkönnen

	Er/Sie ...
sehr gut	☐ beherrscht seinen/ihren Arbeitsbereich selbstständig und sicher, hat oft neue Ideen und findet optimale Lösungen.
gut	☐ bewältigt seinen/ihren Arbeitsbereich selbstständig und sicher, findet gute Lösungen und hat neue Ideen.
befriedigend	☐ bewältigt seinen/ihren Arbeitsbereich sicher und findet brauchbare Lösungen.
ausreichend	☐ bewältigte seinen/ihren Aufgabenbereich.
mangelhaft	☐ bewältigte im Wesentlichen die in seinem/ihrem Aufgabenbereich anfallenden Aufgaben.
ungenügend	☐ ist bestrebt, seinen/ihren Arbeitsbereich zu bewältigen.

Führungsfähigkeit (nur für Führungskräfte)

	Herr/Frau ...
sehr gut	☐ besitzt eine natürliche Autorität, genießt das Vertrauen seiner/ihrer Mitarbeiter und wird von ihnen anerkannt und geschätzt. Er/sie versteht es, seine/ihre Mitarbeiter sicher einzuschätzen und sie zu sehr guten Leistungen zu führen.
gut	☐ wird von seinen/ihren Mitarbeitern anerkannt und geschätzt und ist in der Lage, die Mitarbeiter entsprechend ihren Fähigkeiten einzusetzen und mit ihnen gute Leistungen zu erzielen.
befriedigend	☐ wird von seinen/ihren Mitarbeitern geachtet und besitzt die Fähigkeit, Mitarbeiter anzuleiten und verantwortungsbewusst zu den gewünschten Leistungen zu führen.
ausreichend	☐ ist in der Lage, seine/ihre Mitarbeiter anzuleiten und verantwortlich zu führen.
mangelhaft	☐ ist in der Lage, mit den von ihm/ihr geführten Mitarbeitern die seiner/ihrer Abteilung gesteckten Ziele im Wesentlichen zu erreichen.
ungenügend	☐ ist bestrebt, die in seinem/ihrem Referat auftretenden Probleme auf der Grundlage des in unserem Hause praktizierten Führungsstils zu analysieren und zu lösen.

Zusammenfassende Leistungsbeurteilung

sehr gut	☐ Er/Sie hat den übertragenen Aufgabenbereich stets zur vollsten Zufriedenheit erfüllt. ☐ Seine/ihre Leistungen werden zusammenfassend als sehr gut beurteilt. (Klartext)
gut	☐ Er/Sie hat die übertragenen Aufgaben stets zu unserer vollen Zufriedenheit erfüllt. ☐ Die Leistungen werden zusammenfassend als gut beurteilt. (Klartext)
befriedigend	☐ Er/Sie hat die übertragenen Aufgaben zu unserer vollen Zufriedenheit erledigt. ☐ Die Leistungen werden zusammenfassend als befriedigend beurteilt. (Klartext)
ausreichend	☐ Er/Sie hat die übertragenen Aufgaben zur Zufriedenheit erledigt. ☐ Die Arbeitsleistungen werden mit ausreichend beurteilt. (Klartext)
mangelhaft	☐ Er/Sie hat die übertragenen Aufgaben im Großen und Ganzen zur Zufriedenheit erledigt. ☐ Die Leistungen werden zusammenfassend als mangelhaft beurteilt. (Klartext)
ungenügend	☐ hat sich bemüht, die Arbeiten zu unserer Zufriedenheit zu erledigen. ☐ Die Arbeitsleistung war unzureichend. (Klartext)

Beurteilung der persönlichen Führung

sehr gut	☐ Das persönliche Verhalten war stets vorbildlich. Bei Vorgesetzten, Kollegen und Geschäftspartnern ist er/sie sehr geschätzt.
gut	☐ Das persönliche Verhalten war stets einwandfrei. Bei Vorgesetzten, Kollegen und Mitarbeitern ist er/sie geschätzt.
befriedigend	☐ Das persönliche Verhalten gegenüber Vorgesetzten, Kunden und Kollegen war einwandfrei.
ausreichend	☐ Das persönliche Verhalten gegenüber Vorgesetzten und Kollegen war höflich und korrekt. Seine/ihre Führung gab uns zu Beanstandungen keinen Anlass.
mangelhaft	☐ Das persönliche Verhalten war im Wesentlichen einwandfrei. ☐ Das persönliche Verhalten gegenüber Kollegen und Geschäftspartnern war einwandfrei. (Kann auf Mängel im Verhalten zu Vorgesetzten hindeuten.) ☐ Das persönliche Verhalten gegenüber Vorgesetzten und Geschäftspartnern war einwandfrei. (Kann auf Probleme mit Kollegen hinweisen.)
ungenügend	☐ Das persönliche Verhalten war nicht frei von Beanstandungen. Ihm/ihr fiel es schwer, sich in die betriebliche Ordnung einzufügen. ☐ Das persönliche Verhalten war nicht frei von Beanstandungen. Im Umgang mit Vorgesetzten ergaben sich Probleme. ☐ Das persönliche Verhalten war nicht frei von Beanstandungen. Im Umgang mit Kollegen entstanden Probleme in der Zusammenarbeit.

Schlussformulierung, wenn der Arbeitnehmer von sich aus kündigt

	Herr/Frau ...
sehr gut	☐ scheidet (mit dem heutigen Tag) auf eigenen Wunsch aus unserem Unternehmen aus. Wir bedauern diese Entscheidung sehr, da wir eine/n wertvolle/n Mitarbeiter/in verlieren. Wir danken ihm/ihr für seine/ihre Mitwirkung und wünschen ihm/ihr weiterhin viel Erfolg und persönlich alles Gute. (Kündigt von sich aus.)
gut	☐ scheidet auf eigenen Wunsch (mit dem heutigen Tag) aus unserem Unternehmen aus. Wir bedauern seine/ihre Entscheidung, danken ihm/ihr für seine/ihre Arbeit und wünschen ihm/ihr weiterhin viel Erfolg und persönlich alles Gute. (Kündigt von sich aus.)
befriedigend	☐ scheidet auf eigenen Wunsch (mit dem heutigen Tag) aus unserem Unternehmen aus. Wir danken ihm/ihr für seine/ihre Arbeit und wünschen ihm/ihr für die Zukunft alles Gute. (Kündigt von sich aus.)
ausreichend	☐ scheidet mit dem heutigen Tag auf eigenen Wunsch aus unserem Unternehmen aus. Wir wünschen ihm/ihr für die Zukunft alles Gute. (Kündigt von sich aus.)
mangelhaft	☐ scheidet mit dem heutigen Tag auf eigenen Wunsch aus unserem Unternehmen aus. Wir wünschen ihm/ihr für die Zukunft viel Glück. (Kündigt von sich aus.)
ungenügend	☐ scheidet mit dem heutigen Tag auf eigenen Wunsch aus unserem Unternehmen aus. (Kündigt von sich aus.)

Schlussformulierung, wenn dem Arbeitnehmer gekündigt wurde

sehr gut	☐ Aus betriebsbedingten Gründen endete das Arbeitsverhältnis am ... Wir bedauern diese Entwicklung sehr, da wir mit Herrn/Frau ... eine/n ausgezeichnete/n Mitarbeiter/in verlieren. Wir danken ihm/ihr für seine/ihre bisherige wertvolle Arbeit und wünschen ihm/ihr für die Zukunft weiterhin viel Erfolg und persönlich alles Gute. (Kündigung aus betriebsbedingten Gründen)
gut	☐ Aus betriebsbedingten Gründen wurde das Arbeitsverhältnis mit dem heutigen Tag beendet. Wir bedauern diese Entwicklung, da wir mit Herrn/Frau ... eine/n gute/n Mitarbeiter/in verlieren. Wir danken ihm/ihr für seine/ihre Arbeit und wünschen ihm/ihr für die Zukunft weiterhin Erfolg und persönlich alles Gute. (Kündigung aus betriebsbedingten Gründen)
befriedigend	☐ Herr/Frau ... scheidet mit dem heutigen Tag aus unserem Unternehmen aus. Wir danken ihm/ihr für seine/ihre Arbeit und wünschen ihm/ihr für die Zukunft alles Gute. (Mitarbeiter/in wird gekündigt bzw. Kündigung nahe gelegt.)
ausreichend	☐ Herr/Frau ... scheidet mit dem heutigen Tag aus unserem Unternehmen aus. Wir wünschen ihm/ihr für die Zukunft alles Gute. (Mitarbeiter/in wird gekündigt bzw. Kündigung nahe gelegt.)
mangelhaft	☐ Herr/Frau ... scheidet mit dem heutigen Tag aus unserem Unternehmen aus. Wir wünschen ihm/ihr für die Zukunft viel Glück. (Mitarbeiter/in wird gekündigt bzw. Kündigung nahe gelegt.) ☐ Das Arbeitsverhältnis endet im gegenseitigen Einvernehmen zum ... Wir wünschen Herrn/Frau ... viel Glück. (Nach entstandenen Differenzen kommt eine gütliche Einigung über das Ausscheiden zustande.)
ungenügend	☐ Herr/Frau ... scheidet mit dem heutigen Tag aus unserem Unternehmen aus. (Mitarbeiter/in wird gekündigt oder Kündigung nahegelegt.) ☐ Das Arbeitsverhältnis endet im gegenseitigen Einvernehmen zum ... (Nach vorherigen Differenzen kommt eine gütliche Einigung über das Ausscheiden zustande.)

Stichwortverzeichnis

Die Autoren

Dr. Günter Huber, Fachanwalt für Arbeitsrecht, ist seit1982 in Freiburg als Rechtsanwalt tätig. Seine Schwerpunkte liegen im arbeitsrechtlichen Kündigungsrecht, im Abfindungsrecht und im Zeugnisrecht. Er ist Verfasser vieler Publikationen und Artikel in seinem Fachgebiet.

Mirijam Ruby-Dormann ist als Rechtsanwältin in Freiburg tätig. Ihre Schwerpunkte sind Arbeits- und Verwaltungsrecht.